努力工作，更要聪明地工作，做好工作一定有方法！

做好工作一定有方法

ZUOHAOGONGZUO YIDINGYOUFANGFA

王红芳◎编著

改变方法就能改变结果，正确的工作方法让我们事半功倍。

好的工作方法推动我们成长。

从普通到优秀直到卓越，让我们品尝无比成功的喜悦。

中国言实出版社

图书在版编目(CIP)数据

做好工作一定有方法/王红芳编著.
一北京:中国言实出版社,2012.1
ISBN 978-7-80250-671-8

Ⅰ.①做…
Ⅱ.①王…
Ⅲ.①工作方法一通俗读物
Ⅳ.①B026-49

中国版本图书馆 CIP 数据核字(2011)第 235959 号

出版发行 中国言实出版社
地　址:北京市朝阳区北苑路 180 号加利大厦 5 号楼 105 室
邮　编:100101
电　话:64924716(发行部)　64924735(邮　购)
64924880(总编室)　64914138(四编部)
网　址:www.zgyscbs.cn
E-mail:zgyscbs@263.net

经　　销 新华书店
印　　刷 北京绿谷春印刷有限公司
版　　次 2012 年 2 月第 1 版　2012 年 2 月第 1 次印刷
规　　格 710 毫米×1000 毫米　1/16　13.5 印张
字　　数 165 千字
定　　价 32.00 元　ISBN 978-7-80250-671-8/B·259

前言

孔子的学生子贡曾经向老师提出这样一个问题:“人应该怎样提高自己的修养?”孔子回答说:“工匠要做好工作,必须先磨快工具,住在一个国家,要侍奉大夫中的贤人,与士人中的仁人交朋友。”

从表面上看,“工匠做工”和“提高品德修养”完全是风马牛不相及的两件事,但在实质上,这两者之间却是相通的,如果我们把提高品质的修养看作是工作的目标,磨快工具则是实现目标的手段。常言说得好,“磨刀不误砍柴工”。工匠在开始做工之前打磨好工具,就是一种好的方法,操作起来得心应手,可以事半功倍。

在现实生活中,我们面对任何一项工作任务的时候,都会面临一些问题,遇到一些困难,如何克服困难解决问题呢?重要的就是找到解决问题的办法。就像每一把锁都有属于自己的钥匙,任何困难也都有解决的方法一样。当我们面对困难和问题的时候,超越以往的自我、主动寻求解决问题的方法是唯一的出路,有道是:办法总比问题多。

在寻找方法的过程当中,自我限制往往是走向成功的最大障碍,在许多情况下,“遇到困难”是大多数人逃避责任、回避问题的借口。但是,世上没有解决不了的问题,只有不会解决问题的人。当我们在工作中遇到问题的时候,只要我们认真分析、仔细观察,总能找到相应的方式、方法。一个知道如何解决问题的人,总是能够在纷繁复杂的环境中驾驭人生,把握各种局面,把不可能的事变为可能,最后实现自己的人生理想。

优秀的员工之所以优秀,能在事业上有所发展,在于他们能够不断地超越自我,敢于面对困难的挑战,在纷繁复杂的环境中,积极地寻找解决问题的方法,从而成为解决问题的高手,把不可能的事变为可能。

本书深入浅出,从不同的角度阐释了在实际工作当中,找到正确的方式、方法的意义和作用。语言平实易懂，故事生动有趣又有其现实针对性。对于职场人士来说，是一不可多得的读本。当我们在工作中遇到困难的时候，本书可以帮助找到解决问题的方法，而此方法正是我们攻坚的利器、取胜的法宝。一旦找到了好的方法，就可以使我们尽快脱颖而出，将问题和挑战迅速转变为成长的机遇，进而帮助我们树立信心，确立事业发展的方向，在对困难的挑战中积累成长的经验，任凭风浪起，稳坐钓鱼船，做到举重若轻，游刃有余。

目录

Contents

第一章　一流员工找方法，三流员工找借口

在工作中遇到的问题面前，好员工会想方设法地解决问题，差员工会找各种借口，把问题推给别人。但是，借口不能解决问题，只有积极寻求解决问题的办法，才能成就完美的职业人生。

第二章　拓展思维，构思自己的未来

在职场上，成功永远属于那些敢于大胆实践的开拓者。只有明确工作目标，开拓进取，成功的概率才会大大增加。

第三章　态度决定结果,想办法就会有方法

对待工作的态度不同,得到的结果也会不同。在工作当中遇到困境的时候,一定要坚信,天下没有过不去的火焰山。

第四章 公司是老板的,能力是自己的

不管在哪里工作,都不要怀着打工的心理。要知道,公司虽然是老板的,可是,学到的本领却是自己的,能力谁也偷不走。

第五章 工作中永远不能说的十句话

有些话,放到生活中并不算什么,但是,放到工作中则容易让人产生误会。因此,优秀的员工在工作中,要时刻注意自己的言行,不该做的事绝对不要做,不该说的话永远不要说。

第六章　统筹安排，让时间创造更大价值

在职场中，不同的员工花同样的时间，做事的效率却大相径庭，有些人能够做一件事，有些人可以做三件事。想要在相同的时间内，将自己的效率发挥到最大化，就要学会科学地规划自己的时间。

第七章　掌握职场中“听”与“说”的技巧

职场上“听”与“说”是永远的话题。然而，听和说是有技巧的，如果掌握这些技巧，并将这些技巧熟练地运用到工作当中，就会增加你的魅力，让你在职场上游刃有余。

第八章　好习惯创造奇迹，好方法改变命运

好的工作习惯是一笔无形的资产，如果能将一个好习惯一直保持下去，很可能改变你的未来。身在职场，养成好习惯就等于为自己积累了一大笔财富，是成功的开端。

附　录

第一章
一流员工找方法，三流员工找借口

在工作中遇到的问题面前，好员工会想方设法地解决问题，差员工会找各种借口，把问题推给别人。但是，借口不能解决问题，只有积极寻求解决问题的办法，才能成就完美的职业人生。

1. 跳出思维定式,不做职场“盲人”

一个人一旦突破了自己的思维定式,潜能是不可限量的。但是,对于大多数职场人士来说,突破思维定式并非简单。大多数人之所以无法突破思维定式,是因为他们没有尝试换一个角度想问题,没有想到可以从其他角度寻找答案。

在职场中,许多人都习惯用固定的眼光看待问题,用固定的思维模式思考问题,从来不愿意转个弯,换一种思考方式,这种思维局限是大多数职场人士的一种“顽疾”。这种“顽疾”如果在一个人身上根深蒂固,就会严重地限制他的能力,甚至会成为阻碍职业发展的“致命杀手”。

那么,我们来研究一下,究竟应该选择怎样的方式去思考问题呢？所谓思维定式,就是指一切从经验出发,在长年的工作中形成了一种思维局限,追求四平八稳的工作方法,缺乏开拓精神。通俗地讲,这种思维定式是指人们在看待事情的时候,会从自己的主观经验出发,用自己习惯的方法去解决新的问题。这种思维上的局限是一种先入为主的偏见,俗话说,“一叶障目不见泰山”,这种局限会直接影响到事情的发展和最后的结果。

一个人如果走不出自己的思维定式,就无法客观地对待身边的事务,就会用偏执的眼光去看待事物,甚至还会陷入宿命的怪圈,一辈子碌碌无为。这样的人无异于职场上的“盲人”,需要帮助他们走出思维的限制,当他们一旦突破了思维定式之后,就会发现面前又是一片崭新的天地。

为了让大家更清楚地了解什么是思维定式,下面讲一个真实的案例:

肖苑是北京某大学的学生,他的哥哥肖峰在一家公司干了将近十年,

是一名技术非常过硬的技术人员。近十年来，他虽然工作尽职尽责、任劳任怨，却一直没有得到提升的机会，为此，肖峰非常消沉，时常感叹自己时运不济。

这天，肖峰看到自己的同事提升到部门经理的位置，可是自己的岗位却一直还是普通的基层员工，他对此非常不满，回到家里向弟弟诉苦。哥哥的倾诉让弟弟非常同情，就在弟弟正想安慰一下哥哥的时候，在一旁静听的父亲突然说话了。他说："肖峰，不要把你这种不良的情绪传染给弟弟。我知道你的工作能力很强，可是，你这么多年一直得不到提升的原因你想过没有？"

肖峰没好气地说："还不是因为我这个人的性格太正直，不会拍领导的马屁，不会巴结领导，所以得不到重用。"

父亲叹了口气说："孩子，你的想法是错误的，不要看到别人得到了提升的机会，你就生气，并且将这一系列原因推给别人，然后自己怨天怨地，却从来不在自己身上找原因。你知道问题出在哪里吗？最大的问题在于你的思维定式！你总认为自己怀才不遇，那么，你为什么不能在领导面前展示你的才华呢？"

"这……"肖峰一时语塞，回答不上来。

父亲继续说："我给你们两个讲一个故事，有一年，世界著名的男高音演唱家帕瓦罗蒂来北京音乐学院选徒弟。许多学生都想抓住这个机会，希望得到帕瓦罗蒂的青睐。有一位陕北籍的学生，他根本不是音乐学院的正规生，只是一个短期进修的学员。按照学院的规定，他根本不在帕瓦罗蒂选择学生的范围之内，可是，他不想放弃这个机会，于是，他站在很远的地方深情地演唱，他那深厚的男高音传进了帕瓦罗蒂的耳朵里。帕瓦罗蒂让人找到了这位唱歌的学生，他让这个学生站在他的面前演唱。在观看了他的演唱之后，他认为这名学生具有极好的歌唱天赋。后来，这个学生如愿以偿，他成了帕瓦罗蒂的学生。在帕瓦罗蒂的指点下，他成为奥地利皇家歌剧院的首席歌唱家。"

听了父亲的故事，肖峰若有所思地点点头。后来，他在父亲的鼓励下，开始尝试改变自己的思维模式，当他遇到困难的时候，不是埋怨别人，而是在自己的身上找原因，在工作当中展示自己的能力，他的才华得到了领导的赏识，后来被破格提拔为公司的技术副总监。

弟弟在哥哥的影响之下，也开始用积极的心态对待周围的事情，毕业后很快找到了理想的工作。

由此可见，一个人一旦突破了自己的思维定式，能力是不可限量的。但是，对于大多数职场人士来说，突破思维定式并非那么简单。说到这里，请大家试着回答下面这个问题：

在一块土地上种四棵树，如何种才能使得它们之间的距离都相等？初见这个问题，我们可能会在头脑中想象着几棵树的位置和排列次序，可是，在一片开阔的土地上，种四棵树，任你怎么排列，四棵树之间的距离都很难完全相等。你会为此绞尽脑汁，却想不出理想的答案。其实，问题非常简单，正确的答案就是将其中的一棵树种在山顶上。

大多数人之所以想不出解决这个问题的答案，并不是因为他们的智商不够，也不是因为问题太难，而是因为他们没有尝试换一个角度去想问题，没有想到可以从立体空间中寻找答案。

当我们面对一个问题的时候，研究问题一定要从多个角度、多个层次入手，运用多种手段去解决它，不能只局限在某一个角度中钻牛角尖，这样的话，路只会越走越窄。而那些具有突破性思维的人，往往会在关键时刻创造奇迹。

在一所大学的化学实验室里，曾经发生过这样一件有惊无险的事。一次化学药品实验的时候，按照程序，实验员向一个大玻璃水槽中注水，水很快就快满了，这个时候，水龙头却突然出了毛病，怎么关也关不上。如果再关不上，水一旦溢出来，流到实验台上，就会浸到仪器，这些仪器当中有很多化学药品，如果遇到水，会生成其他对人有害的气体，危及人的生命安全。实验员知道，实验室里所有的人都面临着一场灾难，急得这位实验员手足无措。

就在这危急关头，一位刚来的女实习生举起一个实验用的铁钳用力砸向玻璃水槽的侧面，水槽的侧面被砸开一个大洞，水顺着地下管道流了下去，实验室里所有人都松了一口气，大家躲过了一场灾难。

研究所为此举办了一次表彰大会，在会上，有人问这位女实习生，怎么会在危机的时刻想出这种办法？这位女实习生笑着说："我记得小时候学过一篇课文《司马光砸缸》，我只不过重复地做了一遍而已。"

《司马光砸缸》的故事，对于每个人来说都不陌生，但是，在关键时刻，却没有人能想得起来。而那个女实习生却在别人的注意力都集中在如何关闭水龙头的时候，用最简单的办法解决了实验室里有可能发生的一场灾难。其实，这个"水龙头"，就是人们的思维定式，而打破水槽的行为，则是突破自身思维限制的表现。只有敢于打破自己的思维定式，才有可能为自己的精神松绑，充分发挥你无穷的创造力。

2. 以智慧为导向，寻求发展良机

人生就像是一场棋局，对手则是我们所要面对的环境，有人能看清楚自己所要寻找的目标，能预想到十几步乃至几十步，早早便为自己的人生做好了安排，有的人只能看到自己鼻子底下的一点点，甚至是推一下走一步，最后只能让机遇从身边溜走，却没有能力抓住它。只有以智慧的眼光为人生定位，才能在荆棘丛生的环境中，捕获发展的良机。

在职场，每天都有新鲜的事情发生，太多的变化让人眼花缭乱。在这不断地变化当中总有优胜劣汰，有人享受到了成功的喜悦，有人品尝到了失败的苦果。成功的人被誉为职场精英,失败的人最后被职场淘汰。

不可否认,在职场中,成功的人永远是少数,可是,每个人都希望自己能够成为这少数人当中的一员,因为,没有人愿意惨遭淘汰。只有那些能够在困境中坚守自己的希望,并且用智慧的目光为自己设计未来的人才有机会大获成功。

田琼是某图书公司的编辑,她所在的公司是一家民营企业,老板为了追求利益的最大化,总是想方设法地克扣员工。

有一次,公司颁布了一项制度,将每个编辑的工资和经济效益相结合,根据每个编辑的工作量来发奖金和效益工资,鼓励编辑多劳多得。听到这个消息,很多编辑都不高兴,唯有田琼感到自己有了盼头。因为田琼家在乡下,需要她多挣一点钱补贴家用,所以她希望有机会挣到更多的工资和奖金。于是田琼每个周六周日都在公司里加班,下班之后还要把稿子带回宿舍去看,一直工作到深夜。

到了年底的时候,田琼的业绩在全公司排名第一,如果按照公司年初颁布的规定,老板要付给田琼三万多元奖金。这很出乎老板的预料,他没想到真有这样拼命工作的员工。

老板的心里底线是,发给员工的奖金最多不能超过一万元。为了节省开支,老板不惜出尔反尔,他在发奖金之前废除了这项规定。到了发年终奖的时候,老板只给田琼发了一万元奖金。

收入少了三分之二,这个结果若是落在别人的头上,一定会非常沮丧,甚至会大闹一场。可是,田琼却默默地忍下了,她把这次遭遇当成了磨炼自己的机会。钱虽然没有挣到那么多,但是,在这段日子里却锻炼了她的能力。

由于老板太吝啬,公司的主力员工纷纷辞职离开了,只有田琼还坚持留在公司,别人都说她太傻,可是,只有田琼自己明白,这个公司由于主力编辑纷纷辞职,老板已经把她放在了总编辑的位置上,虽然奖金没有兑现,但是,这对她的职业生涯来说,是一次难得的锻炼机会。

田琼的表现让老板的合作人看在眼里，后来，因为老板对利益斤斤计较，他的合伙人决定撤出资金，自己重新投资了另外一家图书公司，直接请田琼做了出版部总监，而且给她开出十万元的年薪。

在目前的经济环境当中，有很多民营企业生存艰难，所以员工的利益也经常受到不同程度的损害。但是，要知道，变化中总是蕴藏着无穷的机会。中国有一句古话，叫做“水静深流”，只要沉下心来等待，机会一定会降临。

然而，令人遗憾的是，许多人会在机会降临的前夜选择了放弃。如果你用智慧做向导，用耐心做支撑，这样才能得到幸运之神的光临。要知道，不管是谁，上天给他的机会都是一样的，但是，有的人一跃成为成功人士，有的人终生碌碌无为。是什么原因让人与人之间形成了这样巨大的差距？关键就在于在人生的拐角处，有人抓住了机遇。

也有人说，人生就像是一场棋局，对手则是我们所要面对的环境，有人能看清楚自己所要寻找的目标，能预想到十几步乃至几十步，早早便为自己的人生做好了安排，有的人只能看到自己鼻子底下的一点点，甚至是推一下走一步，最后只能让机遇从身边溜走，却没有能力抓住它。

要知道，一次行动胜过千百遍的胡思乱想，没有行动就没有效率。人们对待自己的新想法，往往是羞于启齿的，因为他们没有坚持自己目标的勇气。过了一段时间后，当悔恨袭来的时候，他们又会不断地拿这些想法来折磨自己，可是为时已晚。因此，想要成为一名优秀的员工，就要学会捕捉机遇，将每一次困境当成改变自己命运的垫脚石，发现自己命运的转折点，在那些看似绝望的环境当中，抓住机遇，改变自身命运。

3. 坚信方法总比问题多

在这个世界上，方法总比困难多。对于一切问题，只要肯思考，解决问题的办法总是有的。可是许多身在职场的人，却习惯把自己的大脑闲置起来，他们懒得动脑筋去思考问题，遇到问题，首先想到的就是推卸责任，这样会大大降低自己的工作效率，最终导致工作失败。如果说，机遇和努力是成功的必要条件，那么聪明的方法则是成就事业不可或缺的基本核心。

清朝著名的红顶商人胡雪岩说过这样一句话："我的成功，都是从困难中争夺过来的。"由此可见，在成功的路上，任何人都会遇到困难，只有那些坚持寻找解决方法的人，才能在职场上品尝到成功的滋味。

在任何一个单位里，那些最优秀的员工，都是重视方法的人，他们不管在工作中遇到什么样的困难，都会想尽一切办法来克服，运用自己的智慧与胆识，将那些困难一一排除，进而改变自己的人生。

比尔·盖茨曾经说过这样一句话："一个出色的员工，应该懂得：要想让客户再度选择你的商品，就应该去寻找一个让客户再度接受你的理由。任何产品遇到了你善于思索的大脑，都肯定能有办法让它和微软的视窗一样，行销天下。"

所以说，多给别人一个理由，就等于给自己多找了一条道路。其实，有时候，当你感觉已经山穷水尽的时候，前面却往往会出现柳暗花明的转机。

在钟表发明之前，人们都用一种叫沙漏的仪器来计时。如今，这种古老的计时器已经退出了历史的舞台。

前些年，日本有一个叫西村金助的人，仍然从事古老的沙漏制作。他把沙漏当做玩具出售，但是销量非常少，经营也因此陷入了困境……

有一天，他看到一本关于赛马的书，其中有这样一段话："在今天，马虽然失去了它的运输功能，但是，在赛马场上，它却又以具有娱乐价值的面目出现。"他从这句话当中受到了启发，决心从另外的角度来思考沙漏的作用，寻找出沙漏的新用途。

他一连苦思冥想了好几天，终于想出了沙漏的一种新功能：制作固定时限的小沙漏，将它安放在电话机的旁边。这样，打电话的时候就能很好地控制时间，不必担心高额的电话费了。由于他发明的这款沙漏小巧玲珑，摆在桌上，还是一款非常漂亮的艺术品。

这种简单价廉又非常实用的小沙漏上市之后，销路非常好，一个月的销量就达到了几万个，这让西村金助获得了巨额的财富。

由此可见，很多看似不可能解决的难题，只要敢于思考，一定能够找到有效的解决办法。这样的例子在生活中有很多，除了日本人利用已经废弃不用的沙漏创造了巨额财富之外，美国人的突发奇想，不仅创造了财富，而且在全世界首开先河。

美国加州有一家年代久远的老饭店，设施非常陈旧，缺乏竞争力，于是，饭店老板打算重新装修，建一部新式电梯。

有了这个想法之后，饭店老板请来全国一流的建筑师和工程师，请他们为饭店设计安装一部新电梯。建筑师们经过多次测量和计算，得出的结论是：为了将电梯安装好后，饭店必须停业半年，等新的电梯安装好再重新开门营业。

听了这个结果，老板很犹豫，因为停业半年会造成巨大的经济损失。

老板试探着问："除了停业之外，还有没有其他更好的解决方法呢？"

建筑师和工程师一致摇头说，没有其他办法，要想重新装修，必须停止营业。

这时，一位在饭店工作了五年的清洁工看到老板忧心忡忡的样子，说："我觉得不一定非要停业，也能把电梯安装好。"

其中一位工程师不屑地问了一句："难道你有什么更好的办法？"

清洁工说："如果是我，遇到这种问题，我会选择在屋子外面安装上一部电梯。"

所有的工程师和建筑师听了这个清洁工的话之后，眼睛一亮，这个清洁工没有任何专业知识，但同时他的思路也不会受到任何一种理念的限制。于是，大家一致认为，这是最好的解决方案。工程师们在这家饭店的屋外安装了一部新电梯——于是，建筑史上第一部观光电梯就这样诞生了。

无数事实证明，在这个世界上，方法总是比困难多。对于一切问题，只要肯思考，解决的办法总是有的。可是，许多身在职场的人，却习惯把自己的大脑闲置起来，他们懒得动脑筋去思考问题，遇到问题，首先想到的就是推卸责任，这会大大降低自己的工作效率，最终导致工作失败。如果说，机遇和努力是成功的必要条件，那么聪明的方法则是成就事业的基本内核。

每件事情都有不同的侧面，只要思考的角度不同，看到的结果也截然不同。即使是同一件事情，不同的人去解决，也会有不同的结果。但不管怎么说，能够将工作做到最好的人，往往是那些肯动脑筋去寻找最佳方法的人。

4. 有效的工作方法助你脱颖而出

在有限的条件中，努力寻找一种最佳的方法，发挥自己的聪明才智，尽自己最大的可能，将工作做到完美。拥抱成功的关键，就在于你能否积极、持续、科学地思考问题，用智慧赢得高效。

每个在职场上打拼的人，都渴望自己能够在公司里脱颖而出，获得更多的发展机会。但要知道，脱颖而出靠的是实力，而在领导面前证明自己实力的方法，就是在有限的时间里，将所做工作的价值最大化，进而得到老板的认可与称赞。

若想取得这样一鸣惊人的效果，就是要在困难面前寻求一种好的工作方法。一种行之有效的工作方法，犹如一把钥匙，它会帮你开启通向成功的大门。

然而，需要注意的是，这里所讲的方法，并不单单指的是工作上的方法和技巧，所谓的"成功"也不仅仅是指在公司内部的升职，更多的是一种人生的大智慧。

贺江宝被董事长任命为销售经理，这个消息让许多同事大吃一惊。因为销售经理这个位置非常重要，但是老板却一直没有物色到合适的人选。与其他几个资深的同事相比，言不出众、貌不惊人的贺江宝并没有多少优势。大家都在猜想，是什么原因让老板选择了他?

事情的原因是这样的。几天前，大厦突然停电。恰好那天大家都在加班，贺江宝在电梯口遇到了董事长还有其他几个同事。他们一起走进了电梯，可是，由于突然停电，大家都被困在了漆黑一片的电梯里。

时间一分一秒地过去，大家都在不停地抱怨。这个时候，贺江宝掏出打火机。打火机的火苗忽明忽暗，很快，打火机变得非常烫手，但是他一直坚持举着打火机，什么话也没说。

经过这件事之后，贺江宝给老板留下了非常深刻的印象。有些人对贺江宝的晋升表示不服，董事长就在公司全体会议上讲了这件事。

他说："在黑暗里，小贺点燃手中的打火机，而不像有些人那样抱怨，诅咒这件不愉快的事，我们公司要走出低谷，不被一时的困难压倒，正需要小贺这样的人。”

故事中的贺江宝是一个聪明人。当他面对黑暗的时候，并没有抱怨，而是想到了用手中的打火机去战胜黑暗。正是这一点，让他得到了董事长的青睐。

当然，在工作中还有一种情况，当许多事情千头万绪一起向我们袭来的时候，我们很难判断出应该先做哪一件事。如果你在工作中恰好遇到了这样的情况，请不要急于下手，而是应该静下心来，从多个角度去分析和对比，找出最恰当的解决方法。有时候，正确的方法比执著的态度更重要，我们应该调整思维，用简便的方式达成目标，好方法意味着高效率。

在有限的条件中，努力寻找一种最佳的方法，发挥自己的聪明才智，尽自己最大的可能，将工作做到完美。赢得一切、拥抱成功的关键，就在于你能否积极、持续、科学地思考问题，用智慧赢得高效。

5.借口越多的员工越平庸

我们寻找种种借口拖延下来的这些事情，并不是真的可以躲过去，而是暂时的逃避，最终我们还是要去面对它。找借口的结果只是把这些事情向后拖延了，等问题堆积成山之后，当我们必须面对的时候，反而无从下手了。这样做不但影响了工作的进度，而且还会浪费大量的时间。

在职场中，我们常常遇到这样的情况，有些人会为了避免做错事，就为自己寻找各种借口开脱，比如最常见的借口就是：“我很累了，应该休息一下，这件事还是交给别人去做吧！”

“这件事总会有别人来做的，为什么非要我去做呢？”

“现在下雨了，我改天再去吧！”

“现在有人约我出去，让别人去做吧！”

“这件事我肯定做不好的，做了也白做，不如让别人……”

各式各样的借口层出不穷，看似非常合情合理，但是，这些借口都是懦弱者的盾牌，它是造成我们惰性的直接原因。

当我们一旦被惰性控制的时候，我们就会为自己找到合理的掩饰，不断给自己心理安慰，把应该做好的工作心安理得地丢在一边。

其实，我们寻找种种借口拖延下来的这些事情，并不是真的可以躲过去，而是暂时的逃避，最终我们还是要去面对它。找借口的结果，只是把这些事情向后拖延了，等问题堆积成山之后，当我们必须面对的时候，反而无从下手了。

这样做不但影响了工作的进度，而且还会浪费大量的时间。所以，我们应该建立一种积极的意识，不要总是为了逃避某件事，而去寻找借口。

日本零售业巨头大荣公司曾有这样一个广为流传的故事，两个年轻人刚进入公司不久，就被派到一家大型连锁店，当上了一线销售员。

有一天，这家店的主管在清查账目时，发现需要交纳的营业税比以前多了好多，他仔细检查，发现问题出在这两个年轻人负责打理的店面里，不知道是谁不小心在营业额后面多打了一个零。面对这样严重的事件，经理问及此事，两人面面相觑，但是，账单摆在面前，铁证如山。

一阵沉默之后，两个年轻人分别开口了，其中一个人解释说，自己刚开始负责这项工作，没有经验，有些紧张，所以……

另一个年轻人却没有作太多的解释，他只是对经理说，这的确是我们的过失，我愿意用两个月的薪水来赔偿公司的损失，同时保证以后再也不会犯同样的错误。

走出经理室之后，抢先开口的那个员工抱怨说：“你也太傻了，赔掉两个月的薪水，那我们岂不是白干了？”

主张用薪水赔偿公司损失的那名员工只是憨厚地笑笑，不再解释。

此后，公司里组织了好几次培训，每次都是那个勇于承担责任的年轻人得到了培训的机会。另一个年轻人坐不住了，他跑去质问经理，为什么对待他们两个人的态度如此不同？

经理对他说："一个总是为自己找借口的人，是不值得团队信任与培养的。"

通过这个故事，我们可以发现一个现象，那些敢于承担责任，不为自己寻找任何借口的员工，最终能够得到老板的器重。所以，你不要以借口来原谅自己，一味地纵容自己，只会让自己吃尽苦头。

因此，我们应该积极地正视那些困难和挫折，而不是千方百计地为自己寻找借口。那些总是逃避责任的人，往往会与成功失之交臂。

只有在绝望中积极寻找方法，勇敢地面对困难，找准自己的位置，带着满腔的热情投入到工作和学习中，才会不断地靠近成功，最终实现自己的人生价值。要坚信，世界上没有过不去的火焰山。

6. 只为成功找方法，不为失败找理由

在所有的美德当中，责任感是一种伟大的品格，一个人可以平凡，但不可以缺乏责任感。具有责任感，是一个人成长所需的必要素质，而增强责任感则是我们成就事业的根本！

有一位学者曾经说过这样一句话："责任感不仅是社会的需要，更是工作的需要，也是我们员工职业生涯和自身发展的需要，所以说，责任感具有至高无上的价值，增强责任感是我们每个人的责任。"任何一名优秀的职场人士，都应该是具有强烈责任感的人，他们做任何事情都会全身心

地投入，不达目的誓不罢休。在管理者心中，最优秀的人才，就是那些敢于承担、有责任心、有进取心的人。

20 世纪初，美国有一位意大利移民名叫弗兰克，他经过艰苦的创业，开办了一家小银行。但是，有一次，他的银行突然遭到了劫匪的袭击，银行里的钱被洗劫一空。他因此破产，储户的存款无法兑现。按照当时的法律，弗兰克破产之后，可以不必为这笔债务负责，遭受损失的当然是那些储户。可是，弗兰克没有这样做，他召开了一个家庭会议，并征求了他的妻子和四个儿女的意见，最后，全家人一致决定，一切从头开始，一美分一美分地积累财富，然后去偿还那笔天文数字的存款。

这个时候，所有的人都对弗兰克偿还这笔巨款感觉到无望，劝他别干傻事。可他却回答说："是的，在法律上也许我没有责任，但在道义上我有责任，我必须把这些储户的钱全部还清，只有这样，我的良心才会安稳。"

弗兰克还清这笔巨款，是以三十年的艰苦生活为代价的。当他寄出最后一笔"欠款"时，他轻叹说："现在，我终于无债一身轻了。"他用一生的辛酸和汗水履行了他的责任，而他却给这个世界留下了一笔真正的财富。

这个世界上，大多数人只会做对自己有利的事，一旦遇到需要承担责任的关头，往往会选择逃避。而弗兰克用他自己的行为，诠释了一个人良知与道德的分量，只有那些敢于承担责任的人，才是最值得信任的人。

但是，在工作当中，也有一些人，用一种得过且过的心态对待工作，抱着这种心态去工作的人，难免会在工作当中出现疏漏，而那些疏漏往往是致命的。

某星期天，小杨被经理安排去值班，他们公司的业务是从事电话销售。她来到办公室的时候，发现公司里没有其他人上班。她想："反正也没有人看见，在值班期间出去吃个早点也耽误不了什么事。"

于是，她来到公司楼下的肯德基餐厅，点了餐之后，她悠闲地吃了汉堡套餐，然后品尝了一杯咖啡，这才回到公司。前后大概用了30分钟。

可是，她没有想到的是，就在她出去吃饭的30分钟之内，一桩百万元的大生意却被竞争对手抢走了。因为一个大客户打过两次电话都无人接听，他就把电话打到了另外一家经营同类产品的公司，并且下了订单。当老总知道其中的原因之后，立即把小杨辞退了。

这个故事告诉我们，爱岗敬业，就是要用百分之百的热诚去坚守你的岗位，尽到自己的职责。要知道，对于一个职场人来说，工作就意味着使命，工作能力永远由责任来承载，而责任本身也是一种能力。

简单地说，认真工作，认真做好每一件事，就是对组织负责，对自己负责。一个单位总是希望把工作交给责任心最强的人，谁也不会把重要的职位交给一个没有责任感的人。所以，我们无论做什么工作，都应该立足本职，爱岗敬业。因此，我们在工作中，要做一个有责任心的人，对自己的工作满怀热忱。只有这样，所有的问题才会在工作的过程中迎刃而解，成功也会离你越来越近。

7. 像对待初恋情人那样对待工作

在这个世界上，每份工作都是了不起的，因为它在这个社会体系中不可或缺。即使你现在是一个平凡的人，做着非常平凡的工作，你也一定要像对待初恋情人那样，充满激情地对待自己的工作，当你真正成功的那一天，你也一样可以得到别人的尊敬与赞美。所以说，世上并没有卑微的工作，只有卑微的人。

世界上有许多成功的人，他们都是对工作非常认真的人，他们以工作为乐，把紧张的工作当成一种享受，对工作充满激情，在工作中寻找生命的意义和生存的价值。

也许，你会以为工作态度并不是那么重要，也许你认为这些成功人士并不具有代表性，也许你觉得这些成功人士的途径对你并不合适！但是，你要知道，任何一项工作完成的质量如何，直接与工作态度有关，如果没有一个好的态度，就会效率低下、结果草率，这种连锁的骨牌效应不可忽视。

哈佛大学曾对上班族作过一次调查，结果发现 70%以上的上班族由于“工作压力带来各种健康问题，使人们的工作效率很低”；另一项由《工业周刊》杂志组织进行的调查则显示，有 68%的美国人认为，他们“在工作中没有丝毫乐趣”。

在现代社会，许多人都在疲于奔命，他们大都背负着沉重的工作压力，但是，这种压力不但无法让他们获得更好的工作表现，还会在不知不觉中损害他们的健康，让他们精神沮丧，情绪波动大，最后导致他们的工作效率下降。作为一个现代人，如果想要在现代社会大展身手，这种状态是不行的，那些心中充满怨气、身体疲惫不堪的人，基本不可能获得成功的机会。在这个持续变化的环境中，胜利最终是属于那些反应敏捷、做事灵活、足智多谋、对工作充满兴趣的人。一个人对待工作的态度，直接决定着他未来的职场成就。

在纽约，一个寒冷的晚上，约翰在流浪汉聚集的地下通道里遇到一个乞丐，那是一个二十来岁的年轻人。他的衣衫破旧不堪，怀里抱着一把褪了色的破吉他，嘴里哼着悲伤的歌。这样的情景，在这个城市里几乎每一天都能看得到。

约翰暗想：“丧失了劳动能力的人在这里乞讨还说得过去，而这个人年纪轻轻，可以自食其力，为什么还要在这里乞求别人的施舍呢？他应该为自己的行为而感到脸红。”想到这里，约翰加快了脚步，他连一个铜板都不想给这样的人。

当约翰走上台阶的时候，一个声音叫住了他："先生，请您等一下。"约翰知道，肯定是那个乞讨的年轻人在唤他。约翰暗想："别人不想给钱，他居然追上来讨要，这样的人真讨厌！"想到这里，约翰生气地对他说："对不起，我没有钱给你，我现在很忙，请不要打搅我。"

年轻乞丐轻声说："先生，您误会了，您刚才在走路的时候，掉在地上一件东西，我把它还给您。"

当约翰看到乞丐手里拿的是他的钱包时，这才发现自己的钱包丢了，钱包里有整整一万美金。刹那间，约翰感到非常惭愧。他非常感激地接过钱包，为了表示感谢，他从钱包里抽出一张10美元的纸币，对眼前的年轻乞丐说："为了表示感谢，请接受我的一份心意！"

那个年轻的乞丐说："先生，在街边卖唱是我目前唯一能做的工作，如果我今天要了您的钱，那就是对自己的一种侮辱。我还您钱包不是为了要钱。希望您今天有一个好心情。"说完，年轻乞丐又回到了原先的地方，继续弹那把破旧的吉他。

一个毫不起眼的街边乞丐，居然将在街边卖唱当成自己的工作，并怀着虔诚的心态对待它。如此，谁还会把他当成一名卑微的乞丐？

在现实生活中，有许多在平凡岗位上工作的普通人，他们总是认为自己的工作平凡，收入微薄，为自己的地位卑微而难过，甚至痛恨自己的工作，一直在叹息中度日如年。

实际上，这个世界上并没有卑微的工作，只有卑微的人。要知道，每份工作都是了不起的，因为它在这个社会体系中不可或缺。

即使你现在是一个很平凡的人，做着非常平凡的工作，你也一定要像对待初恋情人那样，充满激情地对待自己的工作，当你真正成功的那一天，你也一样可以得到别人的尊敬与赞美。

8. 方法影响结果，思路决定出路

每一位在职场打拼的人都渴望成功，然而由于人们认识问题的局限性他们，往往忽略了成功的方法和规律，如果不能用正确的方法解决问题，困难就会成为你完成任务、实现目标的拦路虎，如果方法得当，困难就会迎刃而解，并且成为你向上攀登的“梯子”。

俗话说：思路决定出路。在困难面前，只要思路正确，方法得当，就能将困难顺利地解决，将被动变成主动。古今中外，有许多随机应变的成功者，他们的事迹可以让我们悟出很多道理。

在日本，丰臣秀吉当政时期，有一次，天下大雨，河堤溃决，洪水很快淹没了附近的村庄。

丰臣秀吉亲自指挥抗洪，他令士兵装沙袋筑堤挡水。可是，装沙袋的速度远远赶不上水位上升的速度。随着暴雨越来越大，水位也越来越高。就在大家束手无策之际，一名叫石田三的人，叫上一些村民，去附近的粮仓里，将粮食运了过来，当作沙袋堵在河边。

没过多久，河边就筑起了一座“米堤”，河水被成功地挡在了“堤”外。

不久，雨势渐小，河中的水位也开始下降，这时，石田三又对村民说：如果哪位村民能够搬来一袋沙子，就奖励他一袋米。听了这话，村民们纷纷拼命地装起了沙袋。没多久，沙袋就完全替换了米袋。

看到这样的一幕，丰臣秀吉重重奖赏了石田三。

石田三“沙堤”换“米堤”的故事，告诉我们这样一个观点：面对难以克服的灾难时，只有用有效的方法才能彻底解决问题。

我们在日常生活中也是这样，如果发现摆在自己眼前的是一条绝路，不妨试着换个方向，这样一来，死路就会变成活路。比如，在著名的物理学家牛顿年轻的时候，科学家们正在研究一种“永动机”，可不管如何实验都没有成功。

牛顿在这种情况下，并没有将精力投入到“永动机”的研究上，而是花费了大量时间钻研力学。结果，研究“永动机”的科学家们一无所获，而牛顿却在力学上颇有建树。

如果懂得变通，不走寻常路，从另外一个角度思考问题，那就会让许多“山穷水尽”的事情顿时变成“柳暗花明”。

洛科斯在福特公司做推销员时，就因为灵活变通获得了神奇的效果。当时，福特汽车的销售情况并不理想，为此，许多销售经理绞尽脑汁也想不出合适的方法来提高汽车的销量，可是洛科斯并没有在这个问题上花费太多的时间。

他通过观察，发现许多消费者并不是不想买车，而是由于收入有限，根本无法一下子交齐购车款。针对这一情况，洛科斯提出了一整套新的营销方案：“所有购买福特汽车的客户，并不需要一下子将所有的钱全部交齐，只需要首付百分之二十，然后分三年将剩余的钱还清即可。”

这个方案一出台，立刻引起了广大顾客的兴趣，许多人纷纷来到福特公司订购汽车。没过半个月，福特汽车的销量就大幅提升，三个月之后，福特公司的汽车销量居全国之冠。洛科斯也因此事而一举成名。

很多困难并非铁板一块，只要稍微改变一下思路，结果就会大相径庭。对于那些懂得灵活变通的人，所有的问题都不是问题。

每位在职场打拼的人都渴望成功，然而由于人们认识问题的局限性，他们往往忽略了成功的方法和规律，如果不能用正确的方法解决问题，困难就会成为你完成任务、实现目标的拦路虎，如果方法得当，困难就会迎刃而解，并且成为你向上攀登的“梯子”。

无论我们做什么工作，都要学会变换多种思路看问题，不要总是怀疑自己的想法，在开始一件事情之前，不妨多从几个角度动脑筋。换一个角度思考问题，往往会取得意想不到的效果。

9. 不要做在领导面前演戏的员工

许多职场人士都喜欢在老板面前演戏，老板在的时候，他们会表现得异常积极；一旦老板离开，就立即松懈下来。这样的人看似很“聪明”，实际上却很愚蠢。因为任何一家公司的老板，都不会放心这样的人。

老板在与不在，都不能成为你工作懈怠的理由，那些尽职尽责的员工，永远会将全部的精力集中到自己要做的工作上，不会在意老板是否在身边。这些人眼里看到的是周围那些优秀的同事，他永远会以更高的目标要求自己，尽自己最大努力，提高自己的能力。抱有这样心态的优秀员工，即使让全世界都去监视他，他也不会有一丝紧张。只有这样的员工才是最让老板放心的人。

因此，身在职场，不能将老板不在公司当成自己偷懒的理由，相反，你应该将老板不在的时候，看成是一次机会和考验，趁老板不在的时候加倍努力，让自己尽快具有独当一面的能力。这样，你一定能在职场上出人头地。

齐格勒说：“如果你能够尽到自己的本分，尽力完成自己应该做的事情，那么总有一天，你能够随心所欲地从事自己想要做的事情。”

反之，如果你做事情总是带有很强的投机性，从来不注意自己本身能力的提高，只是一味地讨好老板，那你很难在工作中做出成绩，永远无法得到老板的真正信任和认可，而且还时刻存在被老板抛弃的可能。

一个有价值的员工，对于公司来说，具有非凡的意义。因为一个能够让老板放心的员工，不但能够增强公司的核心竞争力，还能为老板减轻负担，让老板可以放心地将工作交给他去处理。

因此，许多公司都在想尽办法为自己寻找可靠的员工。因为他们知道，优秀的员工是公司的无价之宝。聪明的老板永远不会嫌自己的员工太优秀，太忠诚。

美国著名管理学者肯奈逊在回答一些企业家的询问时说："你们所招募的员工是优秀的，那么你们的企业也一定是优秀的，在你的企业里，你保证他们每天都能够有新的收获，你可以因为员工经验的积累而获益匪浅。他们对你的价值今年比去年大，如果他们没有不良习惯并且一直对你忠心耿耿，无论如何你都不应该让他们离开。"

想要成为一个让老板满意并且放心的员工，需要具备多方面素质。下面的这几个素质可以作为参考：

(1)要时常存有危机意识

栗小宁是做手机游戏研发的，他水平很高，工作也努力，待遇自然不菲。这让身边的朋友们非常羡慕。栗小宁却并不以为然，他在工作之余，学习了大量的软件知识，并考取了软件工程师证书。

第二年，公司的业务发展遇挫，公司营业额大幅下降。不得已，公司不得不裁人，栗小宁也自然不能幸免。幸好栗小宁之前考取了软件工程师的证书，他离开那家企业以后，很快就进入了一家大型的软件企业担任部门主任，薪水比以前也提高了好几倍。

由此可见，职场中人要时刻存有危机意识，能够时时提高自己的能力。这样，当真正的危机到来的时候，自己才能够平安地渡过，不至于陷入困境。

(2)工作充电两手抓

温明海是一家图书公司的部门经理，他白天忙工作，晚上自学英语。他知道，现在自己工作稳定，但要在工作之余，多学一些技能，这样才能在激烈的竞争中立于不败之地。

此外，他在单位里也主动做许多职责之外的事，这令公司上下都对他印象不错。他努力工作的事不久被公司的董事长知道了，他提拔温明海做了公司的市场总监。后来，公司有一次出国参加书展的机会，董事长也第一个想到了他。

在职场中，充电与工作是同等重要的事，许多职场人士不喜欢在工作之余提高自己的素质，只想着吃喝玩乐。这样的人很难得到更大的发展。俗话说："艺多不压身。"当相同的机会摆在面前时，谁的能力强，谁的胜算就更大。因此，及时为自己充电，是非常必要的。

在职场上，任何一个一心求财，为钱而不择手段的人，都不可能得到公司的重用，而受到最大损失的往往是自己。因此，要时刻牢记：做一个让老板放心的员工，对老板忠诚，你的前途才会一片光明。

10. 只要能够想到，就一定能做到

在这个世界上，只要是能够想到的事情，就一定能做到，让公司的老板重用自己，也并非天方夜谭，只要不断强化自己，让自己成为公司里最不可替代的人，自然会得到老板的青睐。

说到"不可替代性"，很多人都会感到自卑，认为自己不过是公司里的

一名小卒，没有海外留学的背景，也没有那么高的天赋，无足轻重，不具备引人注目的资本。所以习惯性地萎缩在角落里，从来不敢想象自己在职场中崭露头角，如果你这样想，也许就扼杀了自己潜在的天赋。

周霞是某大学英语专业的高才生，毕业后来到一家贸易公司，在这家公司负责前台接待工作。前台接待是一个既不容易出成绩又很容易被人遗忘，同时也很难得到重用的岗位。

她进入公司以后突然发现，自己一向很引以为荣的英语八级，在这个公司里根本算不上是什么优势，因为公司里的三个副总都有美国留学背景。她发现，在这个公司里，如果想用英语好作为自己的“职场敲门砖”，几乎是不可能的，因为在这家公司里，最普通的文员也有英语六级的水平。

这时候，周霞突然想起了自己的二外，由于自己很喜欢拉美文学，所以在大学读书的时候，选了一个很少有人问津的西班牙语作为第二外语。

现在，她决心把自己已经荒废了的第二外语当成主业。因为上班的时间很紧张，她在网上找了一个西班牙留学生做她的西语老师，每天下班直奔北外找外教，两年的时间，周霞几乎把自己的全部积蓄都用来学习充电。经过两年的学习，周霞的西班牙语水平突飞猛进。

就在这个时候，公司里接待了一个西班牙的贸易代表团，可是公司里没有人懂得西班牙语，于是，老总只好向翻译公司求助，结果翻译公司的翻译虽然懂得西班牙语，但是却不懂公司的业务，所以只好作罢。

就在这个时候，周霞主动找到老总请缨，老板对周霞的能力将信将疑。最后，老总为了稳妥起见，从大学请来西班牙语教授，为周霞的西班牙语水平进行了一次测试，结果就连教授也对她的水平表示赞赏，老总自然高兴得合不拢嘴。

一周以后，周霞作为公司的西班牙语翻译出现在谈判桌上，在异常艰难的谈判过程中，周霞处处为公司着想，每当谈判陷入僵局的时候，她总是用自己的真诚和轻松幽默的话题化解了僵局。最后，公司拿到了西班牙一大批化工产品的订单。

与西班牙贸易代表团的合同签订之后，老总亲自为周霞召开了一次盛大的庆功会，感谢她在谈判中出色的表现，但是周霞始终表现得非常谦虚，她说，自己还要感谢老板给了自己一次机会。因为有了这一次出色的语言秀，原来一直在公司里默默无闻的周霞成了老板和董事会非常重视的人才。

年底，老总和几个副总要去欧洲考察，尽管周霞只是一个普通职员，但是，她的名字早就出现在候选人的名单上了。在董事会上，老总提出了准备赴欧洲考察的人员名单，周霞几乎是全票通过，因为董事会全体成员都认为，周霞是一个不可多得的人才。

在这个世界上，没有哪个人生来就是天才。其实有很多非常引人注目的“天才”，也曾经默默无闻地生活过，但是，他们之所以能焕发出巨大的光彩，令世界瞩目，那就是因为他们从来都不甘心在平庸中度过一生。

通过周霞的经历，我们可以看出，每个人的成功都不可能是一帆风顺的，总会有来自外界的各种各样的压力。面对尴尬的处境，懦弱的人会意志消沉，而勇敢的人则会振作起来，从危机四伏中突出重围，为自己找到人生的突破口，成为公司里面最不可替代的那个人。

如果把人生比喻成一场华丽的戏剧，上天一定早已安排好了你的角色。要相信自己，在这个世界上，你的存在是独一无二的，无论你现在从事何种职业，你的身上一定有着别人所不具备的东西。

当你将这份与众不同的能力展示出来的时候，你就具有了与老板对话的资格，当你的作用在一个公司里凸显出来的时候，自然会受到领导的关注。所以说，别犯愁没有人看得到你，关键是看你的本领怎么样。有道是“天道酬勤”，上天从来不会辜负任何一个肯于奋斗的人，同时也不会包庇懒惰的人。要知道，在这个世界上，你是独特的，你的位置将永远不可替代。

11. 带着激情去工作

激情是一种高昂的精神状态，是干好各项工作永不枯竭的动力之源。不管激情是聚积于内，还是显露于外，都是一座巨大的宝藏，它起着激活身心的巨大作用。

在工作当中，我们首先要认识到，我们是在为自己工作。有了这样的认识，就意味着我们是在自我负责，是在自我激励。

一个人只有能够对自己负责、自我激励、自我进步，才能掌握自己的命运。如果我们不愿意对自己负责任、不愿意自我督促、自己进步，那将永远不会在这个社会上站稳脚跟。

认识到是在为自己工作，就应该永远保持进取心，“心有多大，舞台就有多大”。进取心和想象力是成功的起点，目光高远、时刻想着提高和进步，是成功者的必备条件。

追求自我实现需要强烈的愿望。要取得成功，我们就要有远大的理想、成功的欲望和志在必得的决心。

一个年轻人问苏格拉底，成功的秘诀是什么？

苏格拉底要求这个年轻人第二天早上到河边去见他。

第二天，年轻人如约来到了河边，苏格拉底让这个年轻人和他一起向河里走，当河水没到他们的脖子时，苏格拉底趁这个年轻人不注意，一下把他推入水中。

小伙子拼命挣扎，但苏格拉底很强壮，一直把他按在水里，直到他奄奄一息，苏格拉底这才把他的头拉出水面。小伙子出来后所做的第一件事，就是深深地吸了一口气。

苏格拉底问：“在水里的时候，你最需要的是什么？”

小伙子回答：“空气。”

苏格拉底说：“这就是成功的秘密。当你想成功的愿望像刚才渴望空气那样强烈时，你就会成功。此外，再没有什么秘密。”

一种强烈的愿望是所有成就的起点，正如小火星不能发出太多的热一样，微弱的愿望也不可能产生巨大的效应。

成功首先来自我们充分的自信。我们每个人都具备这种成功的品质，但是有些人觉得他们身上没有，所以他们只能停留在平庸与失败之中。其实，你的这一品质就潜藏于你的内心，只是还没有发展到我们想要它达到的那个水平；也有可能是我们并没有找到它，一旦我们发现并加以利用，我们的表现就大不一样了。

那些成功的人，大都具有自信的品质，一个胆小懦弱、对自己没有信心的人，很难想象他会获得打开成功大门的钥匙。

想成功，就要做一个有成功梦想的人，你首先要相信经过你的努力奋斗，梦想一定会成为现实。其次，成功需要克服安于现状之心，制约我们实现成功的，有时并不是别人，而是我们自己懦弱的内心。如果我们安于现状，胸无大志，那么很快就会被淹没在日常生活的琐碎里，整天懵懵懂懂地过日子，领略不到成功的风景。

千万不能因为对工作不满而消极怠工，更不能因为暂时看不到希望而放弃，要学会适应各种不同的工作环境，否则，就会陷入对环境的抱怨而无法自拔。久而久之，就会因为各种不利因素的影响而耗费时光、蹉跎岁月。

因为对工作失去了新鲜感，一切已归于平淡，没有任何惊喜，不知道自己的方向在哪里，三点一线的生活状态，让你感觉不到今天和以往有什么不同，每天重复着同样的事情，工作兴趣已消失殆尽，我们的生活也随之跌落谷底。要想得到转机、改变现状，只有重燃对工作的激情。

工作总是会给人带来压力，有的压力来自工作本身，有的来自周围的环境，也有的来自自己的内心。面对压力，一味忍受只能导致死气沉沉或者患上严重的抑郁症，要消除压力，必须学会科学地释放压力，减轻对工作、对未来的恐惧感，心情轻松才能够点燃激情。

在这样竞争激烈的环境当中，我们能够拥有一份工作就要懂得感恩，感恩既是一种良好的心态，又是一种奉献精神。当你以一种感恩图报的心情工作时，你会工作得更愉快、更出色，这种心态可以改变一个人的一生。

当你满怀激情地工作时，你所获得的利益就会成倍地增长。所以说激情是成功的助燃剂，让我们在工作的激情中，去创造属于自己的未来吧！

第二章
拓展思维，构思自己的未来

在职场上，成功永远属于那些敢于大胆实践的开拓者。只有明确工作目标，开拓进取，成功的概率才会大大增加。

1. 告别过去，做全新的自己

在职场上，要学会往前看，因为每天的太阳都是新的，每天都要做全新的自己。然而，想要在人生的道路上一往无前，是需要很大的意志与毅力的。这种毅力对于一个人的成败，起着举足轻重的作用，它是一种来自内心的力量。拥有这种力量，人就会超越自己，从失败走向成功。

如果想在职场上拥有一个全新的未来，就要告别自己的过去，无论过去是成功也好，失败也罢，既不要沉溺于失败的阴影中，也不要躺在过去的辉煌成绩上睡懒觉。然而，告别过去并不容易，它需要极大的勇气去挑战自己。

有人用“重新洗牌”来定义“机会”：“机会就是在牌桌上重新洗牌的时候。上盘你输了，拿了一手臭牌。这没有关系。打牌时总是会抓到臭牌的，但重要的是在你拿到臭牌时，不要臭了心情，而是等待出完这手牌，然后重新洗牌。洗牌就是机会，4 个人重新抓，就看谁抓住它了。”

因此，当我们告别过去的时候，可以试着回忆一下，过去一年里发生了哪些值得纪念的事，比如你当上了副总裁或者以优异的成绩毕业……

你可以稍加留念一下，在过去一年当中有哪些失误，但不要总是沉迷于过去，你要做的就是朝前看，一步一个脚印地努力工作。这时你会发现，下一次的胜利比以前一次成功更加激动人心。只有那些告别过去，做全新自己的人，才能有更多的机会获得新的成功。

在泰国，有一个生意人，他玩腻了股票之后，转而去炒作房地产。他把所有的积蓄和银行贷款全部投在曼谷郊外一个有高尔夫球场的 15 幢

别墅里。可是，他万万没有想到，别墅刚刚盖好，却遇上了亚洲金融风暴，别墅一间也卖不出去，贷款也无法偿还。

他只好眼睁睁地看着自己投资的别墅被银行查封、拍卖，甚至连自己的安身之地也被银行拿去抵押还债了。

这个人的情绪陷入低谷，完全失去斗志。有一天，百无聊赖的他坐在早餐店里吃早餐，突然想起太太亲手做的美味三明治，他决定尝试做早餐生意，一切重新开始。

当他把这个想法告诉太太时，太太也十分支持他。并且，还建议丈夫亲自到街上叫卖。这个曾经辉煌的企业家经过一番思索，终于下定决心，一切从头开始，他变成了沿街叫卖早餐的小贩。

从此之后，每天早上，人们都可以看见一个头戴小白帽，胸前挂着售货箱的人，沿街叫卖三明治。

一个昔日的亿万富翁沿街叫卖三明治的消息，很快就在当地传开了。最初大家出于好奇，都来他这里买三明治。后来人们发现，他做的三明治确实好吃，于是，购买三明治的人也越来越多。从此，他的生意越来越红火，他很快就从困境中走了出来。

经过几年不屈不挠的奋斗，他获得了全国人民的尊重。这个人名叫施利华，后来被评为“泰国十大杰出企业家”之首。

名人失败之后，想从低谷里重新站起来，比普通人更需要勇气，但是，一旦从谷底重新爬起来，他们的成功往往比过去更加辉煌。人不必囿于自己眼前的困境，任何时候都是你重新开始的最好时机。因此，不管过去你犯过怎样的错误，都不要沉迷于痛苦和悔恨当中；也不管你过去获得过怎样的辉煌，也同样不要沉迷其中。在职场上，要学会往前看，每天都是崭新的一天，每天都要做全新的自己。然而，想要在人生的道路上一往无前，是需要很大的意志与毅力的。这种毅力对于一个人的成败，起着举足轻重的作用，它是一种来自内心的力量。拥有这种力量的人，就会不断超越自己，从失败走向成功。

2. 打工也能当"老板"

把公司的事当成自己的事，你就会成为老板信赖的人，无论在工作中遇到什么样的困难，只要时时刻刻以公司的利益为重，你的职业生涯一定会迎来鼎盛的发展时期。

不知道你想过没有？作为一名员工，你跟公司的关系是怎样的？公司是解决生存压力的避风港，还是你混饭吃的地方？

一名优秀的员工，从进入公司的那一天开始，就应该把自己的命运和公司的命运牢牢地联系在一起，与公司风雨同舟，一切从公司的利益出发，站在老板的立场去思考问题。

龙宝泉高中毕业后，跟随老乡到南方去打工。他们在码头的一个仓库里给人家缝补篷布。龙宝泉很能干，做的活儿也精细，他看到丢弃的线头、碎布，就随手拾起来，留着备用。他那股认真劲，就好像这家公司是他自己家开的一样。

公司的露天仓库里堆了很多货物。一天夜里，突然下起暴雨，龙宝泉从床上爬起来，冲到大雨中，去加固被风掀起的篷布。这时候老板也担心货物的安全，开车赶了过来，只见暴雨中的龙宝泉已经被淋成了水人儿，但货物安然无恙。

当老板看到货物完好无损时，当场表示要给龙宝泉加薪。龙宝泉却说："不必了，我只是想看看我缝补的篷布在雨里是否结实。再说，我就住在仓库旁，顺便看看货物，只不过是举手之劳。"老板见他如此诚实，就派他到另一个子公司去当负责人了。

龙宝泉上任不久，需要招聘几个文化程度高的大学毕业生当业务员，龙宝泉的老乡看到这个机会，就跑来找他：“给我弄个好差事，怎么样？”

龙宝泉深知老乡的个性，就说：“你不行，干不了这个。”

老乡说：“我在你手下看大门也不行吗？”

龙宝泉说：“不行，因为你不会把公司的事当成你自己家的事，所以你看不好公司的大门。”

“把公司的事当成自己家的事”，这是主人翁精神的高度体现，身在公司，就应该有这样的信念：只有将身心融入公司的事业当中，尽职尽责，处处为公司着想，那么任何一个老板都会将你视为公司的支柱。换一句话说，这样的员工才具有老板心态。

什么是老板心态？就是指你在某个企业工作，你就要站在老板的立场去考虑问题。只要你以老板的心态去对待公司，以老板的心态去做好你所从事的工作，你就会在职场中慢慢地成长起来，最后获得成功。

谭晓强是沃尔玛（中国）公司商品采购部经理，从1995年沃尔玛（中国）公司开始在中国大陆筹备的时候，他就加入了进来。

当时他对采购工作没有任何经验，但是，他始终坚持一个原则，就是随时都要想着为公司争取到最大的利益。正是因为有了这种心态，他在工作中不断积累经验，掌握了谈判的技巧，在谈判中他也注意照顾供货商的利益。因为他不仅认真负责，而且做事公平合理，所以很快就打开了局面。经过几年的努力，他从一个普通的采购员升任为助理采购经理，再到采购经理，到现在已经成为商品部总经理。后来，他被沃尔玛集团列为TMAP计划培训人员。这个培训计划的目标就是培养接班人，以后在职业发展当中，谭晓强可谓前途无量。

把公司的事当成自己的事，你就会成为一个值得信赖的人，谭晓强的事例告诉我们，无论在工作中遇到什么样的困难，只要时时刻刻以公司的利益为重,你的职业生涯一定会迎来鼎盛的发展时期。

3. 坚信明天会更好

当人生遭遇暴风雨时,千万不要绝望,只要冷静下来,一定可以找到出路。明天的太阳一定会照样升起,风雨过后,天空一定会出现最美丽的彩虹。

如果你现在的工作处境并不理想,在工作中遇到很多棘手的难题,如果你为此寝食不安,无法控制自己的悲观情绪,那么就把所有的希望放在明天吧,不管你今天的心情怎样忧郁,明天早晨太阳一定会照常升起,草还照样绿,花还照样开,千万不要因为暂时的困难而绝望,只要坚信"明天会更好",负面情绪就会转化为向上的动力。

当你相信自己一定会有光明的前景时,你的精神就会为之振奋,你的心境就会因此而开阔,你的形象会因为充满希望而容光焕发,所有的压力都成了推动你前进的动力。那些困难和阻碍,也无非是黎明前短暂的黑暗,它们在你强大的信心和勇气面前渐渐失去了威风,因为你知道,战胜了这些困难之后,你会变得更加成熟,你的收获会远远超过你的付出。

要知道,大厦建成决非一日之功,大海之水也不是一日汇聚而成,任何人想要养成能够战胜困难的性格,也不是一蹴而就的,它需要一点一滴的积累与日积月累的习惯培养。因此,任何一个渴望能够在职场上获得成功的人,都要懂得从最基本的地方做起,从当下做起,从每一件平凡简单的事情做起。

你要让自己的心安稳下来,只要踏实地迈出走向成功的第一步,这时你就会发现,其实成功与失败之间的距离,并不像大多数人想象的那样遥不可测。

秦丽是一名普通的纺纱女工。她工作认真，但是，她所在的纺织分厂因为经营不善倒闭了，所有的职工都因此失业。那时候还是上个世纪的八十年代，人们都把一份固定的工作看得很重。

秦丽下岗之后感觉天塌地陷一般，她跑到总厂办公室，哭着请求厂长再给自己重新安排工作。可是，当时全国的国有企业都面临着倒闭的困境，厂长哪能顾得了一个普通女工的要求？于是，厂长不耐烦地说："你的情况我都知道了，现在大家都困难。全国有许多下岗职工，也不只你一个人面临困境，大家都是一样的。你回家等等，等企业的情况好转以后，我再通知你来上班。"

秦丽就这样被厂长三言两语打发回来了。可是，没有工作就意味着从此没有饭吃了。怎么办？难道真的要饿死吗？秦丽为此非常苦恼，可是，她终于想明白了，既然遇到了这样的情况，就要想尽一切办法渡过难关。可是，秦丽除了纺纱，别的什么工作也不会干，用什么办法才能挣到钱呢？突然，秦丽想到了一个好主意。前两天，她在超市里看到有卖"净菜"的。所谓的"净菜"，就是把普通的菜洗干净，然后分拣好，放到超市里销售。带着泥土的蔬菜经过一番美容，价格就高出了一倍多。秦丽想："别的活我干不了，洗个菜还是不成问题的。"

说干就干。她很快联系了几个下岗女工，成立了一家净菜加工厂，主要业务就是帮超市洗菜，秦丽出任厂长。加工厂成立不久，就接到了大批的订单。忙碌完一个月后，秦丽一核算，自己居然净赚了五六千块钱，这要比在纺织厂当女工时的工资高出许多倍！

经过几年的努力，当年的下岗女工秦丽已经成为个人资产上千万的女企业家。回想创业的经历，秦丽不无感慨地说："命运有时候真是奇怪，当命运向你关上一扇门的时候，一定会有另外一扇门向你打开。没想到，我一个普通的下岗女工，居然也能成功，如果不是当年被迫下岗，我现在可能还在工厂里，每月辛辛苦苦地挣那几百块钱呢。"

当人生遭遇暴风雨时，千万不要绝望，只要冷静下来，一定可以找到出路。明天的太阳一定会照样升起，风雨过后，天空一定会出现最美丽的彩虹。

4. 有自信，才能改变未来

从自卑到自信，从失败到成功，从渺小到伟大，这条光辉的路过去有人走，现在有人走，未来也一定有人走，只要你相信自己并愿意改变自己，就没有走不通的路。要记住，在这个世界上，只有想不到的事情，没有什么做不到的事情，只要你能想到，下定决心去做，你就一定能得到别人的认可，你的命运也会因此而改变。

人生的道路不可能总是风平浪静，在困境中学会自我调节情绪就显得非常重要。

在十年浩劫当中，曾经有一个年轻的诗人写下了这样一首感人至深的诗：

当蜘蛛网无情地查封了我的炉台
当灰烬的余烟叹息着贫困的悲哀
我依然固执地铺平失望的灰烬
用美丽的雪花写下：相信未来

当我的紫葡萄化为深秋的露水
当我的鲜花依偎在别人的情怀
我依然固执地用凝霜的枯藤

在凄凉的大地上写下：相信未来
我要用手 指那涌向天边的排浪
我要用手 撑那托住太阳的大海
摇曳着曙光那枝温暖漂亮的笔杆
用孩子的笔体写下：相信未来……

在那个阴云密布、精神痛苦麻木的年代里，《相信未来》就像一首主旋律，奏出了诗人心底的最强音。这首名字叫做《相信未来》的诗，在人们心灵上投下了一道希望之光。当那个年代过去之后，当人们重读这首尘封已久的诗，仍然会被诗人固执而坚守的精神所感动。

命运给我们每个人都安排了一个位置，为了不让我们在到达这个位置之前颓然跌倒，它就是要让我们的心中充满希望的光芒。一个人自信的程度，决定了一个人将来的事业所能达到的高度，如果拥有强大的自信，你的一切梦想都可能实现。

有一个小男孩家里很穷，经常饿着肚子去上学。在学校里，他也常常被同学欺负，为此他非常自卑。而这一切都被老师看在眼里，老师便想办法鼓励他走出自卑的低谷。

有一次，老师带领全班同学来到了一个水果罐头厂。他把同学们召集到一起，对他们说："同学们，今天是'学工劳动日'，我们今天的任务是比赛刷罐头瓶子，比一比，看谁能得到第一名。"

小男孩听到老师的话，心里一阵激动，因为他无论是在学习上，还是在生活中，从来没有得过第一名，但是他希望自己在劳动中得到第一，他想证明自己并不是一无是处的孩子。

当老师下令"开始"的时候，男孩非常卖力地刷瓶子。他刷得非常认真。当刷了几十个瓶子的时候，同学们都感觉有些累，停下来休息。只有小男孩一个人不停地刷。

当一天的劳动结束的时候，他一共刷了108个瓶子，他得到了自己生命中的第一个"第一名"。老师当面表扬了小男孩,告诉大家:不管做任何事情,只要努力去做,就一定能够获得成功。这件事成了小男孩一生的转折点,从此以后,他挺起了胸膛,很快成为班上最优秀的学生。

三十年过去了,当年的小男孩现在已经成为计算机自然语言处理领域中最有才华的科学家之一,他就是微软亚洲研究院的主任研究员周明。

从自卑到自信,从失败到成功,从渺小到伟大,这条光辉的路过去有人走,现在有人走,未来也一定有人走,只要你相信自己并愿意改变自己,那么,就没有走不通的路。

要记住,在这个世界上,只有想不到的事情,没有什么做不到的事情,只要你能想到,下定决心去做,你就一定能得到别人的认可,你的命运也会因此而改变。

5. 与其抱残守缺,不如果断放弃

承担,是一个人的勇气;放下,是一个人的胆识。只有有勇有谋、有胆有识的人,才可能走到成功的峰顶。因此,在职场中,当你发现自己有些事情是无法做到的,不如果断放弃,去追逐更适合自己的东西。只有这样,你才能够在工作中实现自己的价值,进而获得更大的发展空间。

在一定时期内,一个人的资源和能量是有限的,你无法同时做好数件同等重要的事情;所以,一个成功者会把精力在最重要的事情上,这是一种明智的生活选择。

在生活中,放弃是一种美丽,是一种心灵的豁达。在商业中,懂得该放就放是一种智慧,而能够在关键时刻果断放弃,另辟蹊径,则是一种魄力。很多时候，当你山穷水尽的时候敢于放弃，也是一种智慧与从容。

李开复在美国的时候，如果不是因为那次重要的决定，可能直到现在还是一个在美国小镇上的名不见经传的律师。

李开复当年考上了哥伦比亚大学法律专业以后，很多人都羡慕他，大家都认为，从事法律工作是一件很体面的事情，这个行业不但收入不错，还能得到别人的尊重。

可是，过了不到半年，李开复发现自己真正的兴趣并不在法律上，而且自己根本就不喜欢法律工作，他每天上课时总是昏昏欲睡，打不起一点精神来。

在这段时间里，李开复思考得最多的一个问题是："我的人生应该何去何从呢?"在百无聊赖中，他接触到了计算机。很快，他便疯狂地迷上了计算机，他在图书馆借了大量编程的书，每天都不知疲倦地练习编程。对于这一"不务正业"的举动，老师和同学们都认为李开复疯了。

大二那年，李开复做了一个重要的决定：放弃自己的专业，转入计算机系学习编程。在那个时代，计算机还属于高科技的产品，它究竟能给人们的生活带来多大的影响，还是个未知数。而且，当时的哥伦比亚计算机系也是刚刚成立，来报名学习这个专业的学生非常少。因为，大家都不知道学习计算机，以后究竟能做什么工作。

从受人尊敬的律师转到一个前途未卜的领域，许多朋友都劝他三思而后行，不要放弃前途光明的法律专业。但李开复还是毅然地坚持了自己的选择，因为他知道，人的生命只有一次，不应该把时间和精力浪费在自己不喜欢的事情上。

他进入计算机领域之后，如鱼得水，整个人都充满了激情。后来，他又进入卡内基梅隆大学，继续攻读计算机方面的硕士及博士，并获得了计算机专业博士学位。他开发的"语音识别系统"，获得了《美国商业周刊》最重要发明奖。他于 1998 年加盟微软，创立了微软亚洲研究院。2000 年他升任微软全球副总裁，是微软高层里职位最高的华人。2006 年他又出任 Google 公司全球副总裁、中国区总裁。

后来，已经是微软副总裁的李开复，在一次采访中说："我觉得自己之所以有今天的成就，最重要的原因就是自己上大学时的那个重要决定。在那个时候，我也并不知道计算机能够发展到现在这么高的水平，我只是知道自己喜欢计算机，当我选择学习计算机时，我的生命就有了努力的方向。"

生活原本是淳朴简单的，拿起和放下是人生的两种选择，当年，在中国革命进入低潮的时候，毛泽东选择了农村，以农村包围城市，最后夺取了政权，所以，放弃不等于失败，而是一种基于战略的价值判断，是一种有进有退、以退为进、以攻为守、张弛有度的战略智慧。

承担，是考验一个人的勇气，放下考验一个人的胆识。只有有勇有谋、有胆有识的人，才可能走到成功的峰顶。因此，在职场中，当你发现自己有些事情是无法做到的，不如果断放弃，去追逐更适合自己的东西。只有这样，你才能够在工作中实现自己的价值，得到老板的赏识，进而获得更大的发展空间。

6. 换一个角度思考，收获多多

有些人在困难和挫折面前往往怨天尤人，悲观失望就像一张黑色的大网，将心死死地缠住。其实，想要冲破这张大网并不难，只要换一个角度思考问题，很多问题就会迎刃而解，迎来"柳暗花明又一村"的局面。

有些人在困难和挫折面前，往往会怨天尤人，悲观失望就像一张黑色的大网，将心死死地缠住。其实，想要冲破这张大网并不难，因为思考问题角度单一化，就只能认识到事物的某一方面，对事物认识得不全面，就会做出错误的决定。

如果换一个角度，努力提高自身的综合素质，积极思考问题，很多问题就会迎刃而解，迎来“柳暗花明又一村”的局面。

一个人想要在自己的工作和生活中游刃有余，最重要的一点就是学会变通，在变通中适应工作，适应生活。

懂得变通的人，在遇到困难时，不会死守着固定的套路，他们会根据具体的情况去寻找解决困难的最佳办法。俗话说：“穷则变，变则通，通则成，成则久。”古今中外，有许多随机应变的成功者，他们的许多事迹都能够让我们从中悟出不少道理。

日本狮王牙刷公司有一名叫加藤信三的普通员工，他工作兢兢业业，非常认真。有一天，加藤信三起床有点晚了，他匆匆地洗脸刷牙，刮胡子。不料忙中出错，他的牙龈被牙刷碰破了，流了很多血。加藤信三非常恼火，憋着一肚子气离开了家。

到了公司以后，加藤信三气冲冲地走进技术部，对技术部的负责人说：“作为牙刷公司的职员，居然多次用自己公司的牙刷把牙龈扎破，这是一件多么可笑的事情。”说完，他丢下一脸尴尬的技术部负责人，独自走开了。

在他走进自己的办公室的时候，突然想起了这样一句话：“当你遇到难以忍受的事情时，一定要忍耐。因为这个时候，新的机遇和发现即将来到你身边。”

加藤信三冷静下来之后，和同事们一起讨论，如何才能解决牙龈出血的问题。他们提出了多种方案，比如改变刷毛的质地，更换牙刷的形状等。

经过论证后，他们决定逐一试验。在试验中，加藤信三发现：在放大镜下牙刷毛的顶端都是锐利的直角。因为这些牙刷的毛都是用机器切割的。加藤信三想：“如果能够想办法将牙刷毛的顶端的角状变成圆状，问题就解决了。”当他把这个想法告诉同事时，大家也一致赞同他的意见。

经过多次试验，加藤信三把自己的产品改进方案递交到公司时，公司立即召开董事会商讨这个提案。最终，公司通过了加藤信三等人提出的建议。老板立即投入大量资金，全力生产这种牙刷毛为圆状的牙刷。

这种改进后的牙刷投放到市场后，深受顾客欢迎。使用这种牙刷，人们在刷牙的时候，牙龈再也没有被刷破过。加藤信三的这个提议为公司带来了信誉，也带来了巨大的经济效益。于是，公司提拔了他。十几年后，加藤信三成了这家公司的董事长。

加腾信三凭借自己的创意，从普通的小职员一步登天，成为公司的董事长。所以，对于一名渴望成功的人来说，他们永远都拥有成功的动力，永远都能发现身边的机遇，然后在机遇中奋起，最终成就自己。

我们在日常生活中也是如此，一旦发现摆在自己眼前的是条绝路，不妨试着换个方向，这样一来，死路就会变成活路。

7. 开发自己的右脑思维

成功人士中，有很多人是用左右脑思维的，他们依靠自己的创新思路，成功地改变了自己的处境。

人脑中有 2 千亿个脑细胞，可储存 1 千亿条讯息；思想每小时游走 300 多里，拥有超过 1 百兆的交错线路，平均每 24 小时产生 4 千种思想。人脑是世界上最精密、最灵敏的器官。

研究发现，人的大脑中，蕴藏无数待开发的资源，而一般人对脑力的运用不到 5%，剩余待开发的部分是脑力与潜能表现优劣与否的关键。

人的脑部构造分为大脑与小脑。此外，脑又分为左、右两半部，右半部分就是右脑，左半部分就是左脑，而左右脑平分了脑部的所有构造。

左脑与右脑形状相同，功能却大不一样。左脑用语言来处理讯息，把看到、听到、触到、嗅到及品尝到的讯息，转换成语言来传达。左脑主要控制着知识、判断、思考等，和显意识有密切的关系。

右脑的五感包藏在右脑底部，可称为“本能的五感”，控制着自律神经与宇宙波动共振等，和潜意识有关。右脑是将收到的讯息以图像处理，瞬间即可处理完毕，因此能够把大量的资讯一并处理。

一般人右脑的五感都受到左脑理性的控制与压抑，因此很难发挥即有的潜在本能。然而懂得活用右脑的人，听音就可以辨色，心理学家称这种情形为“共感”，这就是右脑的潜能。

如果让右脑大量记忆，右脑会对这些讯息自动加工处理，并衍生出创造性的讯息。也就是说，右脑具有自主性，能够发挥独自的想象力、思考力，把创意图像化，同时具有作为一个故事述说者的卓越功能。

对于一般人来说，遇到问题的时候，经常会从以往的记忆仓库中寻找经验，作为解决问题的方法，并沿着自己以为正确的方法去解决问题。我们对这种方法的可靠性坚信不疑，一切从经验出发，也不愿探索其他更好的方法，这种思维方式常易导致思维僵化。若你永远按照惯常的思路去思考，你得到的永远是非常有限的东西。所以：只有想别人不敢想的问题，才能找到成功的路。成功人士中，有很多人是用左右脑思维的，他们依靠自己的创新思路，成功地改变了自己原来的处境。

华特金 28 岁时，还在纽约一家律师事务所工作。面对众多的大富翁，华特金不禁对自己清贫的处境感到难过，他决定要闯荡一番。

这天的一大早，华特金来到街对面的一家银行，找这家银行的借贷部经理，要借一笔钱修缮律师事务所。华特金走出银行的时候，他的手中已握着 1 万美元。完成这一切，不到 1 个小时的时间。之后，华特金又走了两家银行，重复了刚才的方法。借出的共 2 万美元，然后他又把钱存入银行，用存款利息与借款利息相抵，大体上也差不了多少。

几个月后，华特金就把存款取了出来，还了债。

这样一出一进，华特金便在上述3家银行建立了初步信誉。此后，华特金便在更多的银行，进行这种短期借贷和提前还债的交易，而且数额越来越大。不到一年，华特金的银行信用已十分可靠了。凭着他的一纸签条，就能一次借出15万美元。

信誉就这样出来了。有了可靠的信誉，还愁什么呢？不久，华特金又借钱了，他用借来的钱，买下费城一家濒临倒闭的公司。

10年之后，华特金成了大老板，拥有资产1.5亿美元。

人的思维模式有两种，一种是“资源导向式”，另一种是“目标导向式”。普通人喜欢按照所谓的常理来操作和管理事物，即思维倾向于“资源导向式”，这种人往往觉得自己时间紧张，资源不足，精力欠缺，资产不多等等，做事情总是万事俱备，只欠东风。可是，如果这最关键的东风总是借不来，到头来，一辈子的努力就只能落一个“竹篮打水一场空”的结果。

而那些成功光环下的人们是“目标导向式”，他们往往不按常理出牌，因为他们更倾向于换向思考、换位思考。突破传统，不断创新。最后你会发现，他们总会在独辟蹊径之后获得意外的收获。

生命是一条奔流不息的河流，创新是人类的欢乐之源。不管做什么，都要学会和别人干得不一样，学会干出别人不曾干出的事情来，才能超越别人，成就自己。优秀的人总是敢于面对挑战，勇于创新，能够永远保持一颗进取的心。

8. 拓展思路，不要事必躬亲

即使是最基层的员工，也有自己的工作职责，如果管理者管得太多、太细，下属会不自觉地放弃思考，而管理者又会为此疲惫不堪。所以，事必躬亲是一种恶习，会使你的下属的责任心消失。只有学会把权力下放，合理地分配人力资源，才能提高整体的工作效率。

越是有能力的人，越具有较强的自信心，他们对自己做的事情很有把握，而对他人能做什么却不太放心，于是养成了事必躬亲的习惯。

即使是最基层的员工，也有自己的工作空间和他的职责，如果管理者管得太多、太细，下属会不自觉地放弃思考，而管理者又会为此疲惫不堪。所以，事必躬亲是一种恶习，会使你的下属的责任心消失。只有学会把权力下放，合理地分配人力资源，才能提高整体的工作效率。

安迪是一家公司的领导者，他的第一份工作是在一家高科技公司担任高级管理人员。工作的前四年，他一直在公司里担任人力资源方面的管理，后两年他被派去负责研究公司的发展战略。在这个岗位上，他与总裁和CEO在工作上都接触密切。

尽管安迪在公司总部非常成功，并且通过频频接触最高层领导，掌握了许多经营管理之道，但他渴望自己到一线去，独立领导一家公司。

当他所在的公司收购了一家中等规模的创新型公司时，他得到了这个渴望已久的机会，众望所归，安迪成了这个新公司的领导人。

然而，就职六个月后，情况并没有像安迪想象的那样顺利，他发现自己整天忙碌，可是公司的困难却越来越多，员工的积极性却越来越差。

总公司制定的发展目标给他带来越来越大的压力，而新公司所在的行业却面临十年来的第一次衰退。市场行情的衰退，也暴露了新公司的昂贵的成本结构。安迪启动了数个行动方案，重点解决品牌、新产品和人员方面的问题，每个方案都由他亲自过问并主持，可是效果却并不明显，这些努力都未能扭转公司业务下滑的趋势。

安迪知道，他必须尽快找到一个全新的方法来研究公司业务，这个时候，安迪闭门思过，他发现是自己的工作方法出了问题，是他事必躬亲的工作作风影响了员工主动性的发挥。这时候，他加倍努力地了解员工，和他们建立起友好的工作关系。很快，在他身边，形成了一个安全可靠的智囊团，工作中遇到各种难题，都有人出面为他解决，而不用他自己一个人疲于奔命地做救火队长了。

当今世界，那些喜欢独断专行、事必躬亲的领导人，不仅会给企业带来巨大危机，而且也可能给自己带来前所未有的职业风险。

今天的领导人必须组建一种新型的、确实能够采取开放式思维、沉着自如地应对各方面挑战的团队，领导要学会与团队成员之间，建立一种特别的信任，从每个人的特点出发，善用每个人的长处，让他们能够执行公司的战略任务，与团队一起，顺利地完成发展的目标。

9. 永远比别人多想一步

在职场上若想获得成功，就得比别人多想一步。很多时候，同样的问题，别人找不到解决的方法，而你找到了解决问题的关键，这样就会让你得到老板的重视。比别人多想一步，不仅仅是工作方法，更是一种工作智慧！

福克斯年轻时最热衷于出入华盛顿的高档俱乐部。为了省些钱，他总是想尽一切办法蹭票。可他总是蹭票也不是个办法。

有一天，福克斯突然想到一个办法：我为什么不去找俱乐部的老板协商一下呢？如果让他给像我这样既热衷于夜生活又想省钱的人优惠，既满足了我们的需求，同时又能给他带来利润。

于是，福克斯做了一个专门的优惠网站，接着，他找到当地所有高档俱乐部的老板，把自己的想法告诉他们。令他没想到的是，这些老板们都爽快地答应了。从这之后，人们可以通过福克斯的网站可以享受到美国各大俱乐部的优惠服务。三年后，福克斯通过网站，赚了上千万美元。

大凡成功的人都是比别人多想一步的人。对于大多数职场人士来说，如果你想在工作中得到更大的发展空间，不妨多动脑思考一下，凡事比其他人多想一步。如果能做到这一点，那么，成功就指日可待了。

罗伊·普兰克是杜邦公司的化家专家。有一次，他做了一项试验，结果失败了。当试验结束以后，他打开试管，发现里面一无所有。他感到不解，于是称了试管的重量，却意外地发现，试管的重量增加了。这到底是为什么呢？

带着这个疑问他继续努力寻找答案，后来，他发现了奇妙的透明塑胶。

当我们碰到无法理解的事情时，一定要多问几个“为什么”，然后仔细想一想，认真琢磨，你也许会有奇妙的发现。

一位年轻的英国人到祖母的农场度假。他倚着一棵苹果树，任自己的思绪漫游。一个苹果掉到地上。

“苹果为什么会掉到地上？”他问自己，“是地面吸引苹果，还是苹果吸引地面？万物相互吸引？其中是否存在某种定律？”

这个年轻人就是牛顿，牛顿比常人多想一步，运用思考的力量找出答案——苹果和地面相吸引——进而发现了万有引力。

凡事比别人多想一步，对于任何职场中人来说，都不是一件坏事。或许，这可能就是你职场命运的转折点。

1986 年，日本有一位 18 岁的少年，他的父亲病重无法工作，他继承了父亲的制面事业，独力维持家计，养活 6 个弟弟、3 个妹妹及双亲。他不但制面，还要负责卖面。

20 岁时他爱上了一个女孩，女孩的父亲不愿意女儿嫁给这个制面的年轻人。于是，他改行从事珍珠买卖，并不断追求新的专业知识。

一位大学教授告诉他一项未经证实的理论："珍珠的形成，是砂粒等异物进入珍珠贝，珍珠贝才会分泌珍珠的成分，将异物包裹起来，形成珍珠。"

年轻人听了大喜过望，他想："如果我将异物植入珍珠贝体内，就会有人工饲养的珍珠产出了。"他经过无数次实验，终于取得了成功。他的人工养珠技术使他成为日本知名的大企业家。

另外一个与珍珠有关的故事，是一个年轻的美国人约瑟夫·高登史东。他在爱荷华州的农村挨家挨户推销珠宝。

有一天，他得知日本生产美丽的人工养珠，品质良好，价格比天然珍珠低很多。

约瑟夫看到了这个机会。虽然时值经济萧条时期，但是，他和妻子艾莎还是变卖了所有的家当飞往东京。他们见到日本珍珠贩售协会的主席北村，提出在美国销售日本人工养殖珍珠的计划，要求北村提供首批价值 10 万美元的寄卖品。这是一个大数目，尤其是在经济不景气期，这是一个比较高的条件。但是，7 天后，北村还是答应了他。

那批养殖珍珠运到美国之后销售一空，几年之后，他们决定请北村先生协助，建立自己的养珠场。他再度看到了别人视而不见的机会。

起初，植入异物的珍珠贝死亡率超过50%，如何降低这么大的耗损？他们经过多次研究，先将珍珠贝的外壳刷洗干净，降低感染的概率。然后使用少量的麻醉剂，以消毒干净的手术刀切割，并植入一颗圆珠；完成之后，再将珍珠贝放进笼内，放回海底。每隔4个月，收起笼子检查珍珠贝生长的情形。经过这样严格的处理，90%的珍珠贝都能存活，并且产出高质量的珍珠，帮助约瑟夫赚取了巨额的财富。

成功者总是走在别人前面，有时只是比别人多想一点，比别人多走几步，就能看到别人没有看到的机会，成就别人梦想不到的事业。所以，千万别放过任何一个创新的机会，运用所学，勤于思考，付诸行动，你会发现到处都有新领域在等着你。

10. 敢于面对未知的世界

在生活中，有很多人有强烈的愿望改变自己的生活处境，但是，当他们一想到马上就要去面对一个未知的世界时，心中就会充满恐惧，他们害怕自己在陌生的地方遭到欺骗、遇到坏人，其实，这些害怕正是捆住你手脚的枷锁，如果你对自己的能力充满信心，不妨到更广阔的地方去，给自己找到更广大的舞台去展示你的才华。

在云南和四川两省交界处生活着一个少数民族——摩梭族，他们世世代代居住在泸沽湖边，维系着母系氏族的传统生活。因为高山的阻挡，摩梭人很少走出泸沽湖的怀抱，他们不知道外面的世界，似乎对外面的世界也并不感兴趣，他们安于一直以来的平淡生活。

但终于有一天，一个摩梭女孩不再甘于过这种平淡的生活，她开始渴望另一种能实现自己人生价值，能将自己的才能发挥得淋漓尽致，并能使自己富裕、安逸、快乐的日子。于是，她怀着对美好生活的憧憬，怀着强烈的改变自己、创造美好新生活的愿望，离开了泸沽湖，开始了新的征程。这个摩梭女孩名叫杨二车娜姆。

她离开家乡来到上海，然后又到北京，靠着坚强的毅力，靠着天生的一副甜美的歌喉，在强烈的成功愿望的驱使下，她又去了美国、欧洲，从而实现了她走出平凡和贫穷，创造自己新生活的梦想。

在现实生活中，我们要永远保持探索未知世界的热情，一旦对未知的世界缺乏了探索的勇气，那么，我们的社会将停滞不前，即使有多么美好的愿望也无法变为现实。

当我们谈起美洲大陆的时候，总会想起一个名字，他就是哥伦布。哥伦布从小就向往着海上航行，尤其喜欢读《马可·波罗游记》。当时，人们都是通过欧洲大陆来到东方，可是，到了哥伦布时代，由于欧洲大陆受土耳其人和阿拉伯人控制，不易通过，于是，人们自然将远行的目光投向了大海。为此，哥伦布特地请教了意大利的地理学家，得知沿着大西洋一直向西航行，也能抵达东方。于是，哥伦布制定了一个远航计划，希望能够得到封建君主们在财力、物力、人力上的支持。

首先，葡萄牙国王拒绝了他的建议；接着西班牙王后召见了哥伦布，表示出对远航计划的兴趣，但没有给予实质性的答复。一直拖到 1491 年底，西班牙国王斐迪南二世才接见哥伦布。经历了几番周折之后，他总算答应支持哥伦布远航。不过，所有的水手都不愿随哥伦布远征，他们都担心在半途中葬身鱼腹。后来，国王只好从刑事犯中挑选了一批人给哥伦布当水手。另外，国王给了哥伦布几艘破旧的帆船。

1492 年 8 月 3 日清晨，哥伦布带领 87 名水手，驾驶着 3 艘帆船，离开了西班牙的巴罗斯港，在他们离开港口的时候，没有鲜花，没有礼炮，没有隆重的欢送仪式，但是，他们却从此开始了人类历史上第一次横渡大西洋的壮举。

海上的航行生活并不浪漫，相反，显得十分单调而乏味。就这样，在海上漂泊了一天又一天，一周又一周，水手们开始沉不住气了，吵着要返航。但哥伦布是一个意志坚定的人，他决不会让他苦心组建的船队半途而废，留下终生遗憾。他坚持继续向西航行，有时候，他甚至不得不拔出宝剑，强令水手们继续向前。

在茫茫的大海上，他们苦熬了两个月。1492 年 10 月 11 日，哥伦布看见海上漂来一根芦苇，他和水手们高兴得跳了起来！有芦苇，就说明附近有陆地！果然，在 11 日的夜晚，哥伦布发现前面有隐隐约约的火光。12 日拂晓，水手们终于看见一片黑压压的陆地。顿时狂欢声如雷响起！在海上航行了 2 个月零 9 天之后，哥伦布他们终于到达美洲巴哈马群岛的华特林岛。

1493 年 3 月 15 日，哥伦布把 39 个愿意留在新大陆的人留在那里。把 10 名俘虏来的印第安人押上船，返回了西班牙巴罗斯港。回来以后，哥伦布顿时成了英雄，受到西班牙国王和王后的隆重接待。

也许有人会问，是不是那些成功者真的是无所畏惧的勇士？其实，每个人都是普通人，我们每个人的心中都会有恐惧的时候，但是，只要你战胜它，也许成功就隐藏在恐惧之后。

战胜对未知世界的恐惧，是实现愿望最有效的方式，人是很奇妙的动物，我相信人性能创造奇迹。多年来，有许多人都能有意识地创造人生的奇迹，而不是漫无目的地度过一生。

每个人心中都有一团火，能感受强烈的情绪，可是没有几个人能依此情感行动，他们习惯于将热情深深地埋藏起来，当然，你的动机或行动也许会受到现实的制约，也可能早上很顺利，下午运气差，要不就是这一年或这一季跌到谷底——这才叫人生！即使是上帝仁慈，也不会赐给你免费的午餐，想吃饭，自己动手去做吧！

11. 与团队精英一起抱团打天下

看清楚老板的意图，首先要看到他的利益在哪里，只有维护了他的利益，这样才能真正得到老板的青睐，将你视作团队精英中的一分子。

2011年3月11日，日本发生了9.0级地震，并引发特大海啸。在这场灾难中，有很多人失去了生命，也有一部分人逃过了一劫。有人说，发生海啸的时候，最安全的地方是站在高处，跟能保护你的人站在一起。当然，在地质灾难面前，人类的自我保护措施是有限的，但是，在职场中，总有一些人可以罩着你，使你前程无忧。

那么，有能力罩着自己的人在哪里？他们就是公司的老板或者是高层管理者。可是，在一个大公司里，一个普通的员工与高层领导之间的差距，何止是云泥之距？如何与他们站在一起？要知道站在高处的团队精英，他们也会有“高处不胜寒”的寂寞，也许平凡的你与老板之间的沟通，缺少的只是一个心有灵犀的眼神、一个善意的微笑、一次真诚的行动。

于立群来到公司上班的时候，不过是一名送货员，因为那个时候公司还在创业，老板也经常自己开车送货。但是，这是一家高成长的科技公司，于立群坚定地相信这家公司的未来不可限量。于是，他决心在这个公司里好好干，相信自己一定不会永远都是给人开车送货。

有一次，他收到一个客户的投诉电话，说他们公司的电机出了问题，现在锅炉不能正常运转了。于立群接到电话的时候，已经是深夜11点钟了，他想，如果明天上班再向老板汇报这事，老板也不会批评他，因为现在已经是深夜时分，每一个员工都应该休息了。

可是，他转念一想，这个公司还在初创阶段，刚才打电话的客户是公司里为数不多的大客户之一，如果得罪了客户，老板的生意就会受到影响。

于是，他决定深夜打电话给老板。可是，当他拨了老板的电话之后，发现老板已经关机。这个时候，他想到了公司的第二大股东，他是老板的亲戚，于立群抱着一种试试看的心情，打了这位股东的电话。结果电话拨通了，不过很久都没有人接听。于立群想，既然电话还能拨通，就说明他的手机还能响，就算是睡得再沉，也一定会听到电话的铃声。于是，他拨了一次又一次，当他拨到第12次的时候，电话终于被接了起来，于立群在电话里向这位股东说明了情况，希望尽快解决客户的问题。

他说，如果明天我们再去处理的话，会让客户不满，他希望尽快赶快去解决问题。

股东听了于立群的话，马上安排他去找技术科长，命令他们两个人赶到现场，如果发现什么问题，尽快解决。

于立群奉命行事，急忙开车去技术科长的家里，接了人之后赶往现场。到了客户那里，发现是因为电机出现故障，使得传送带陷入停滞状态，如果不能连夜抢修，第二天客户的工厂将无法正常开工。

他们连夜抢修，给客户换上了备用的电机，客户非常感激，第二天，还给他们送来了一面锦旗。通过于立群的努力，公司成功地化解了一次由于质量问题造成的危机，客户不仅没有解除合同，而且还追加了订单。

从此之后，那个大股东就把“于立群”这个名字深深地印在了脑海里，每当开会的时候，都会把这个深夜来电话的事情说一下，以此来鼓励大家的工作激情。在这个股东的影响之下，董事会成员都对于立群有了很深的印象。一年之后，于立群被破格提拔为董事会的秘书。

人在职场，要想赢得团队中精英们的好感，与他们一起打天下，首先要用自己的心与他们进行换位思考，只有这样，才可能在职场中长袖善舞，立于不败之地。

12. 人在职场,吃亏是福

天下没有白吃的亏,有付出必然有回报。如果一个人能够心平气和地吃亏,就容易得到别人的认可与尊重,从而在未来收获更多的惊喜。

人在职场,差不多都有一种共同的心理,那就是怕吃亏,加班不给报酬是吃亏,额外替同事做事情是吃亏。可是,中国却偏偏有一句老话,叫做"吃亏是福",这句话让许多人感到费解,"吃亏"怎么会是"福"呢?

其实,吃亏就是一种无私的付出,因为你吃了亏,自然就有人占了便宜,有一天,当你需要他们的付出时,他们就会倾尽全力去帮助你,从这个角度上讲,吃亏确实是一种福分。能够主动吃亏的人,不但能够迅速提高自己的诚信度,还能积累大量的人脉关系,而这些,都是你未来成功不可缺少的必要因素。

全球华人首富李嘉诚就明白这个道理,他一直都奉行着"宁亏自己不亏大家"的经商理念,但他却因此获得了巨大的成功,成为华人首富。

在普通人当中,也有甘愿吃亏的人,他虽然距离成功的标准暂时还有一段距离,但是,不可否认,他心理的富足是无人可比的。

有这样一个年轻人,他叫李高峰,来自河南乡下。他刚来北京工作的时候,看到自己租住的房子旁边,有一条河臭气熏天,河道中堆满了垃圾,他自己花钱买工具,自己主动清理河里的垃圾。这样的行为让周围许多邻居和老乡不解,他们对李高峰说:"别人都是主动占便宜,你倒好,主动吃亏,这样图个什么啊?"可是,不管别人怎么说,李高峰这一行动坚持了整整十年。

2001年,经朋友推荐,李高峰在《北京青年报》找到了一份送报员的工作。在工作岗位上,他始终秉承"吃亏是福"的精神,不但业绩做得非常好,人品也得到了大家的高度认可。2004年,他被北京团市委授予进京务工人员"首都贡献奖"。

2005年,他为了自己钟爱的环保公益事业,毅然辞去了《北京青年报》的工作,到北京市朝阳区的一个普通社区,做了一名保洁员。工资也从原来每月2000多块钱降低到每月800元钱。他之所以做这份工作,是因为保洁员每天只需上五个小时的班,这样他就有更多的时间去做公益的事情了。

李高峰做公益纯属义务,没有一分钱报酬。但他却乐此不疲地一直坚持到现在。2008年北京奥运会的时候,他还组织了一个800多人的志愿队,一起去奥运场馆当志愿者。

虽然李高峰是个外来的务工人员,可他却把北京当成自己的家。在他的心里,家的概念早已不是一间房子或者一个村子,他的家是整个北京城。他认为,自己已经融入了这个城市的血脉之中,这个城市每一点发展都与他息息相关。

李高峰的做法看上去很傻,可是,正是因为他的吃亏精神,打动了越来越多的人。当国务院总理温家宝得知此事后,对李高峰的行为做出了高度赞扬。

2010年1月31日,温家宝总理接见了李高峰,并评价他说:"高峰啊,你不仅为河南人争了光,也为首都和国家争了光,你无愧于'北京好人'的称号,假如大家都能像你一样,人人做好事,个个做好人,我们的社会就会更加和谐美好!"

一个普普通通的农村青年,就是凭着自己的努力赢得了总理的认可。

虽然"吃亏"的好处如此之多,但在生活中真正做到"主动吃亏"的人却很少。这是人天性中喜欢占小便宜的心理在作怪。如果不克服这一点,就很难做出一番大事业,更难收获成功。

第三章
态度决定结果，想办法就会有方法

对待工作的态度不同，得到的结果也会不同。在工作当中遇到困境的时候，一定要坚信，天下没有过不去的火焰山。

1. 对待工作，主动适应胜过被动接受

对于工作中的任务，很多职场人士感到不适应，所以只能“被动接受”，这种心理状态表现在工作上，就是对工作的重要性认识不够，处处被动，凡事将就。这些现象会导致员工情绪低落、工作积极性不高，对公司的整体发展不利。所以，作为一名渴望在职业生涯中有所成就的员工，与其被动接受，不如主动适应。

对于工作中的任务，很多职场人士存在着“不适应”、“不理解”、“被动接受”等现象。这种心理状态，在工作上的表现是，对工作的重要性认识不够，工作上比较被动，领导安排一项做一项，不安排就不做；作风上不够严谨，凡事得过且过。

小而言之，这些现象会导致员工情绪低落、工作积极性不高，对员工自己的成长和职业生涯发展不利；大而言之，消极被动的工作情绪，会影响一个公司的整体发展。

有一个从乡村来的年轻人，来到一家号称“世界最大”的豪华百货公司应聘，想当一名售货员。老总问他：“你以前做过售货员吗？”

年轻人腼腆地说：“我以前在村里，是挨家挨户推销的小贩。”

老总觉得他很机灵，就说：“你明天来上班吧。”

年轻人上了一天班，很不习惯，觉得没有在村里卖东西自在。但是，他想，“我要改变自己，必须珍惜这份工作。”

下班前，老总来了，问他：“你今天做了几单买卖？”

年轻人说：“我只卖了一单。”

“一单?! 我们这里的售货员，一天可以完成20单到30单的生意呢！你怎么卖得那么少，你这一单卖了多少钱?”

年轻人回答说:“我卖了30万美元。”

老总目瞪口呆，好一阵子才回过神来。然后，老总兴致勃勃地问:“你怎么会卖那么多钱呢?”

年轻人回答说:“一个男士来买东西，我先卖给他一个小号的鱼钩，再卖中号的鱼钩，最后卖大号的鱼钩。接着，我又卖给他小号的渔线，中号的渔线，大号的渔线。我们很谈得来，我问他到哪里去钓鱼，他说到海边。我建议他再买条船，带他到卖船的专柜，卖给他一条15英尺长、两个发动机的帆船。他说家里现有的汽车可能拉不动。我又带他到汽车销售区，卖给他一辆新款豪华‘巡洋舰’牌汽车。”

老总兴奋不已，拍着年轻人的肩膀夸奖说:“一个只是要买鱼钩的客户，你就能卖给他那么多东西，真不错!”

年轻人摇头说:“顾客并不是要买鱼钩，他是来给他妻子买乳罩的。我就跟他说，‘你们夫妻那么恩爱，不如你们双双去钓鱼，这样不仅能增加感情，还很浪漫呢’！于是，我就开始卖给他鱼钩、渔线、帆船和汽车。”

一个乡里来的年轻人，将一单买乳罩的生意，演绎成30万美元的大生意，诀窍是什么？两个字:主动。主动服务、主动建议、主动引导、主动交朋友。一旦失去主动，陷于被动，就意味着危机。

因此，对于一名优秀的员工来说，主动去适应远远要胜过被动接受。那么，如何才能在工作中养成主动适应的习惯呢？可以从以下几个方面加以注意:

(1)主动培养自己对所从事的职业的兴趣

在社会主义市场经济条件下，每个人自主择业，自己掌握自己的命运，但自主择业并不意味着每个人都能在短时间内找到自己喜爱的舞台。在这种情况下，就应该主动培养自己所从事的职业兴趣，克服在从业时的种种不适应。

(2)主动适应新的环境

适应新工作岗位,就是要熟悉该职业的具体规范,如工作效率、工作能力、技术规范,等等。职场新人要在短时间内达到对新岗位的适应,就必须积极参加职业培训,这样才能使自己更快地投入到新工作当中,并提高工作效率,适应新环境。

(3)重视多种能力的培养和锻炼职业适应力

培养与增强与职业相适应的能力,是非常重要的,但是,这里指的能力应该是综合性的,比如说工作能力包括工作效果、工作效率,适应能力包括工作技能、工作质量、人际关系、对新事物的接受能力以及对工作的创新能力。人的综合能力的提高,有助于他在新的工作领域中更快更好地适应。

(4)树立终身学习的理念

在现代社会,知识是最重要的生产要素,实践证明,广博的知识可以使人们在不同职业中有更大的选择余地和更强的适应能力。只有在掌握了职业技术和基本知识的基础上,才能做好工作,取得工作成就。所以,学会树立终身学习的理念,懂得不断扩大自己的知识面,学习新知识,是现代职场人生存和发展的"基石"。

2.激情成就梦想,心中充满希望

激情是一种高昂的斗志,是一种向上的态度,是一种乐观的精神。拥有激情的员工,能够推动自己不断成长,推动公司不断前进。

著名的哲学家黑格尔曾说:"如果没有热情,那么,世界上不会有任何一件伟大的事情能够完成!"

所以，一定要将热情带到工作之中，热情会让一个人充满斗志和活力，能够让你在睡眠只有平时一半的情况下，完成比平时多两倍的工作。所以说，工作热情是一种高昂的激情，是一种向上的态度，是一种乐观的精神。拥有热情的员工，能够推动自己不断成长，推动公司不断前进。

在职场中，许多人正是凭着热情，拥有了百折不挠的执著精神，最终抓住机会，实现了自己的梦想。工作对于每个人来说，都是平等的，只有付出才有收获。

北京公交公司售票员李素丽，最初的梦想是当一名播音员或主持人。后来，高考落榜的李素丽，到60路公交车上，做了一名售票人员。她又梦想着做一名最优秀的售票员，于是，她将自己的全部热情投在了工作上。在这个平凡的工作岗位上，李素丽一干就是十几年。

不管在什么时候，李素丽总是面带微笑，遇到老人或孕妇，李素丽会主动给他们安排座位。如果有乘客向她问路，她从来不会说“东南西北”，而是会用“前后左右”指路，这样做避免了刚来北京的乘客分不清方向而导致走错路。

另外，李素丽还准备了报纸杂志，帮助路远的乘客解决旅途中的无聊。她的真诚与热情打动了每一位乘客，她的付出也为自己赢得了荣誉。

可见，热情是战胜困难的法宝，能够让人充满力量，促使人不断前进，走向成功。可是，能够将热情长久地保持，并不是一件容易的事，随着时间的推移，人的热情也会慢慢消失。因此，若想保持自己对工作的热情，必须从以下三个方面去努力：

(1)多与热情的人接触；

(2)用梦想激励自己；

(3)适当调节精神状态。

让我们带着热情出发，让这种正面的情绪、健康的能量充满你的身心，用爱开启自己的心门，只有这样，你才能被这个世界完美地接受，并成为一个对这个世界真正有益的人。

3.世界上的任何事,都有合理的解决方法

在职场中,无论多么棘手的工作,总会有一个妥善的解决方法,可是有时候,这个方法却会躲起来,让你暂时找不到它。只要你认为自己的方向是正确的,那么,只要肯下苦功,好的方法一定会脱颖而出,为你争取到更大的发展空间。

在职场中,无论多么棘手的工作,最后总会有一个妥善的解决方法,可是有时候,这个方法却会躲起来,让你暂时找不到它。只要你认为自己的方向是正确的,那么,只要肯下苦功,好的方法一定会脱颖而出,为你争取到更大的发展空间。

在工作当中,切实可行的好方法能为人解除工作中的诸多不便,更能给公司创造最直接的经济效益。哪个公司的老板,会不重视能想办法帮助公司解决问题的员工呢?

因此,在老板的眼中,最优秀的员工,就是能找到好方法去解决问题的员工,主动找方法解决问题的员工是职场中的稀缺资源。假如你通过一个非常好的方法,做了一件对公司非常有益的事,老板一定会重用你,你会因此而获得更多发展的机会。

成功者和失败者之所以会有区别,就在于前者遇到困难时总是理智对待,主动寻找解决的方法。而后者遇到困难时,只会选择放弃,一个人只有敢于挑战,并在困局突围而出,才能奏响激昂雄浑的生命乐章,最大化地彰显人性的光辉。

张凯是香港某跨国集团公司的董事长。25年前，他带着仅有的30元港币、穿着一双拖鞋来到香港，先从街边小贩做起，越做越大，后来创办了两家上市公司。

在谈到成功的经验时，他说："我之所以能有这样的发展，都源于我凡事都愿意找方法解决。我认识很多企业界的成功人士，从他们身上我发现了一个共同的规律：一个做事高效的人，往往是最重视找方法的人。他们相信凡事都会有方法解决，而且总是去找更好的方法。"

在职场中，当你遇到困难的时候，不要总是为自己寻找借口，而是应该积极地寻找解决的办法，只有将外界的困难、不如意的环境，一个一个地解决掉，才能让自己脱颖而出，为自己的职业生涯开创出一片新天地。

然而，在现代这个竞争激烈的社会，许多人都害怕失败，不敢坦然面对失败。这种人需要学习一些战胜失败的方法和技巧。只有拥有超乎常人的自信，同时还要拥有战胜失败的技巧，练就过硬的心理素质，才能在工作和生活中排除障碍，避免失败。

4.人生没有真的失败，只是暂时延缓成功

在到达成功之前，每个人都会遇到一些障碍，能够克服困难走过去的人，才有机会感受到胜利带给他的自豪与欢乐。成败之间的转换只在瞬息之间，世上没有永远的失败者，也没有永恒的成功者，只有经得起失败打击的人，才是真正的成功者！

每个人都知道这句话"失败是成功之母"，但是，若想真正弄懂这句话的含义，其实并不容易。需要明确的是，只要肯努力，迟早会有成功的那

一天。因此，我们可以这样说，人生并没有真正的失败，只是暂时延缓成功的脚步而已。

成败之间的转换，只是瞬息之间，没有永远的失败者，也没有永恒的成功者，只有更经得起失败考验的人，才是真正的成功者！

在到达成功之前，每个人都会遇到一些障碍，能够克服困难走过去的人，才有可能感受到胜利带给他的自豪与欢乐。

成功者与失败者之间，最大的区别在于，成功者会克服成长过程中所遇到的种种困难，从摔倒的地方爬起来，继续前进；而失败者会躺在摔倒的地方，自我怜悯、怨天尤人，甚至失去了再次爬起来前进的勇气。

在美国，查哈尔是一个家喻户晓的创业明星，他出生在印度唐塔兰小镇的一个锡克教家族；4 岁随全家移民美国；16 岁就在自己的卧室中创立了互联网广告公司 Click Agents；18 岁以 4000 万美元卖掉 Click Agent，从而跻身史上最年轻的、白手起家的千万富翁之列。

在别人看来，查哈尔的创业经历似乎一切都是顺风顺水，其实，在查哈尔的创业过程中，他也屡屡遇到挫折，多次遭到程序员的勒索，但幸运的是，每一次都能逢凶化吉。

惨痛的教训让查哈尔学会雇佣合适的人来接替勒索者的工作。他说，在雇佣那些新人的过程中，“我意识到另一个重要的道理，就是要让自己身边的人，永远都是那些希望看到你成功的人。”

查哈尔在他 9 年的奋斗过程中，曾多次身陷令人头痛的商业官司，还不得不提防不时从背后射来的暗箭，在卖出自己的公司后，他不得不忍受买家的官僚主义，以及失去决策权的强烈挫折感。但是，他靠自己的努力，把竞争对手远远地抛在了脑后。他之所以能够取得这样的成绩，就是因为当别人都在走的时候，他却在全力冲刺。

查哈尔的创业经历告诉我们这样一条真理，无论是商业奇才，还是普通员工，做任何事情都不可能是一帆风顺的，当某种不利情况发生时，不要怨天尤人，也不要回避矛盾，最好的手段就是汲取教训，努力扭转不利局面，变被动为主动。

不要害怕前进道路上的挫折，塞翁失马焉知非福，当你遇到暂时的失利时，不妨对自己说："没关系，失败只是暂时停止一下前进的脚步，成功对于我来说，只是早晚的事！"

5. 行百里者半九十，坚持走完最后一步路

在生活中，当你坚持做一件事的时候，即使拥有百分之九十九的成功把握，却只有百分之一的放弃念头，你也很有可能会因此而功亏一篑。因为在许多时候，成功和失败之间的区别，就在于这百分之一的念头，许多失败者的悲剧，就在于他们倒在了即将达到成功的最后一步。

在生活中，当你坚持做一件事的时候，即使拥有百分之九十九的成功把握，却只有百分之一的放弃念头，你也很有可能会因此而功亏一篑。因为，很多时候，成功和失败之间的区别，就在于这百分之一的念头，许多失败者的悲剧，就在于他们倒在了即将达到成功的最后一步。

这些人往往被眼前的障碍所吓倒，没有勇气再坚持向前走一步，不懂得应该如何以自己坚定的内心去克服困难，当困难以排山倒海之势袭来的时候，他们已经被吓倒了。这样的人，是自己打败了自己。

人生在世，不可能每次尝试都能见到希望的曙光，在那些通往黎明的夜晚，你肯定会充满恐惧、狐疑，也许会觉得成功遥遥无期。但是，在这样的时刻，你只要相信自己一定能摆脱黑暗，就算面临很多挑战，也绝不停下你前进的脚步。只有这样，你才可能穿越生命的沼泽，迎来成功的黎明。

要知道，坚持不懈的努力并不是一时的冲动，而是一种毅力，需要一种精神，让自己养成坚持到底的习惯，让自己在坚持中成长。

有些人为了提高几百块钱的工资而选择跳槽，这样跳来跳去的人，最后只能在职场中惨遭淘汰。只有那些把工作视为信仰的人，才会在自己平凡的岗位上，做出不平凡的成就来。

1927 年，美国的密西西比河大堤被洪水冲垮，9 岁的黑人小孩汤姆斯一家都落入洪水中。在洪水即将吞噬一切的一瞬间，汤姆斯的母亲用尽全力，将儿子从洪水中拉了上来。家中的其他人都不幸葬身水底。

1932 年，汤姆斯八年级毕业了，阿肯色城的中学不肯招收黑人学生，要接着读书只能到芝加哥城去。可是，由于汤姆斯家境贫寒，实在拿不出那么多钱让他去芝加哥城读书。

母亲看着儿子求知的目光，作出了一个惊人的决定，让汤姆斯再复读一年，以便积累足够的学费。在汤姆斯复读的这一年里，母亲每天都辛苦地工作，甚至一个人身兼数职，为的就是能够多挣一点钱，为儿子积攒去芝加哥城读书的学费。

1993 年夏，汤姆斯又一次考上了芝加哥中学。母亲也终于为他凑足了学费。当母亲带着汤姆斯踏上火车，奔向芝加哥城的时候，汤姆斯看着因劳累而消瘦了的母亲，偷偷地流下了眼泪。

在芝加哥，母亲为别人当佣人，靠母亲微薄的收入艰难地维持他们的生活。汤姆斯学习非常刻苦，以优异的成绩毕业，后来又顺利地读完大学。

1942 年，汤姆斯开始创办一份杂志，但是，由于缺少 500 美元邮费，他无法向各个客户发函。此时，一家借贷公司表示愿意借款，但有一个条件，就是要汤姆斯将一笔财产作为抵押。

此时，汤姆斯家里最值钱的东西，就是母亲分期付款很长时间买下的一批新家具，这批家具是他母亲最喜爱的东西。可是，为了儿子，母亲还是同意将这批家具作了抵押。

1943 年，汤姆斯的杂志获得了成功，他赚到了人生的第一桶金。汤姆斯终于可以做自己梦想多年的事情了，他将母亲列入他的员工花名册，并告诉母亲，她算是退休工人，可以不用上班就领工资。那一天，母亲哭了，汤姆斯也哭了。这么多年的风风雨雨，母子两人相依为命，艰难而贫苦的日子，终于换来了今天的回报。

但是，后来一段时间，汤姆斯经营的杂志曾一度陷入低谷，他当时面临着巨大的困境和层层的障碍，一切迹象表明，他仿佛已无力回天。

一天晚上，汤姆斯怀着痛苦而忧郁的心情回到家里，他想着自己多年的心血就要付诸东流，心里有几分不舍和难过，更重要的是，从此之后，他可能无法再让母亲过安稳、幸福的晚年生活了。

因此，汤姆斯倍感愧疚。他告诉母亲："妈妈，对不起，看来这次我真的无力回天了，我就要破产了。"

母亲听了他的话，慈祥而坚毅地说，"儿子，你尽自己最大的努力了吗？"

"是的，我尽了自己最大的努力。"

"很好，"母亲以断然的语气结束谈话，"只要你尽了自己最大的努力，没有轻易地放弃你的理想，你就会战胜一切困难，获得成功。"

果然，汤姆斯在坚持中渡过了难关，他的杂志重新赢利，并且攀上了事业的高峰。

俗话说："行百里者半九十。"无论做任何事情，都要学会坚持，不要轻言放弃。要记住：放弃，意味着恐惧和忧虑，一个满怀恐惧和忧虑的人，怎能与成功结缘呢？

世界上没有任何一件事是一帆风顺的，只要我们在困难和挫折面前咬紧牙关，坚持到底，最终一定能够看到辉煌的成果。在失败中坚持，与命运作斗争，你就一定能够寻找到希望，获得最终的胜利。

6. 学会汇报工作，掌握领导思路

一个成功的职场精英，必定是一个善于汇报工作的人。因为在他向领导汇报的过程中，能够得到领导对他及时的指导和赏识，与领导迅速建立起良好的关系，获得更快的职业成长。

在职场中，与领导相处是一门技巧，掌握了这门技巧，可以事半功倍，如果不能掌握这一技巧，轻则有可能坐冷板凳，重则有可能被炒鱿鱼。

一个成功的职场精英，必定是一个善于汇报工作的人。因为在他向领导汇报的过程中，能够得到领导对他及时的指导，得到领导的赏识，与自己的领导迅速建立起良好的关系，获得更快的职业成长。

此外，汇报工作最大的窍门就是先说结果，许多初入职场的人在汇报工作时往往有意无意地将工作过程和结果混淆在一起，以至于领导听完，感觉一头雾水，感觉到冗长、拖沓，容易引起领导的厌倦。

郭东是一个初入职场的新员工，有一次，他向自己的主管王经理去汇报工作。他走进王经理办公室，开口就说："王总，您昨天让我去见那个客户签协议，我八点半就去了，我去的时候他还没到。后来他来了，可是他说很忙，要开会，让我等一会儿，结果没想到，我等到一点多，中午饭都没吃……"

王经理听得很糊涂，只好说："好的，你先出去吧。"

郭东悻悻地走了出去。郭东最大的失误之处，就在于他将过程和结果混在一起说，让领导听了不知所云，失去了听他汇报的耐心。

在《列宁在1918》这部电影里面,有这样一个令人难忘的场面:列宁的卫士瓦西里在运送粮食回来后,列宁走到他面前,轻声问他:“粮食运来了吗?”

他向列宁汇报说:“运来了,一共90车皮。”当时,瓦西里还没有吃饭,他汇报完之后便晕了过去。可是,即便如此,他也没有说:“我现在还没吃饭呢!”因为他知道,列宁需要得到的是什么信息,也知道什么信息是最有价值的。

如果我们在人际交往中,注意到事情的主次,汇报工作的时候就能够简明扼要,让领导一下子听明白,你也会给领导留下一个精明干练的印象,这对你的职场发展,将起到巨大的促进作用。

在与领导相处的过程中,学会下列几种方法和技巧,会让你的未来一帆风顺。

(1)主动报告你的工作进度

许多当领导的人,常常不清楚自己的下属心里到底想什么,看上去好像每天都很忙,又不好意思经常去过问。

因此,作为下属,一定要学会主动向上司报告自己工作的进度,让上司对自己放心。有时候,工作上出现了一个小小的错误,发展到后面,有可能造成严重的后果。因此,在工作中要学会主动汇报,将错误扼杀在萌芽之中。

(2)对上司的询问有问必答

如果上司问你某件事,你最好做到问一句答两句,让上司完全听明白。此外,你的回答一定要比上司的问题多,这样才能让你的上司对你更加放心,他才能把更重要的事情交给你去做。

(3)努力学习,充实自己

既然人家有资格做你的上司,他一定有过人之处,在这个时候,你应该多学习上司身上的优点,取长补短,不断提升自己,这样才能获得上司的欣赏和提拔。

(4)接受批评,不犯同样的错误

人非圣贤,孰能无过?人在通常情况下,难免会犯错误。上司会原谅员工偶然犯的错误,但总是不希望下属每次都犯同样的错误。聪明人的可贵之处是能在每次犯错误之后,能够接受教训,及时总结经验,不犯同样的错误。

(5)不忙的时候,主动帮助别人

这是一个强调团队精神的时代,任何一家公司都要靠整个团队去实现成功。因此,一个团队就是一个集体,彼此之间要互相学习,互相帮助。当团队成员遇到困难时,你要主动站出来,这是一种团队精神的体现。在帮助别人的同时提高自己,而且,我们还能通过自己的主动精神,得到领导的赞赏。

7. 想要尽善尽美,一开始就要做对

有这样一句感人至深的格言:“在此,一切都追求尽善尽美”。如果每个人都能采用这一格言激励自己,竭尽全力达到完美的程度,那么我们的世界将会充满幸福和美满。当然,这样尽善尽美的结果,不可能发生在一个不重视工作细节的人身上,因为他不可能一开始就把事情做对,更不会追求精益求精。

在某个经典的建筑物上,铭刻着这样一句感人至深的格言:“在此,一切都追求尽善尽美。”

如果每个人都能实现这一格言,无论做任何事情,都竭尽全力达到尽善尽美的效果,那么我们的世界将会充满幸福。

当然,这样尽善尽美的结果,不可能发生在一个不重视工作细节的人身上,因为他不可能一开始就把事情做对,更不会追求精益求精。

忽略细节的人,不仅很难取得成功,甚至连他最基本的工作能力都会

遭到质疑。事实上,要解决这个问题并不难,只要把握好每一个细节,一开始就把事情做对,成功就有了30%的可能。

张燕在北京一家航空公司工作,她的工作是负责为客户订购机票。张燕的客户有很多,但每个客户都对她赞不绝口。这是为什么呢?原来,张燕有一个习惯,那就是不管做什么事情,一开始的时候就会把事情做到尽善尽美,不在工作中留尾巴。

在她的客户当中,有一位德国客户,经常乘飞机来往于北京和广州之间,每次,他的机票都是由张燕帮他订。

后来,这位客户发现,自己从北京去广州的时候,座位总是靠着右边的窗口,当他从广州返回北京时,座位又总是靠着左边的窗口。

有一次,他咨询张燕,这是怎么回事?

张燕回答说:"这是我有意为您这样订的,我想,每一次旅行,您都可以看到不同的风景,这样一来,不管您的工作是否顺利,您都可以在旅途中得到调节,忘记那些不高兴的事,让您每次都保持愉快的心情。"

听了张燕这番话,这位德国客户非常感动,他决定把张燕所在公司的贸易额由200万马克提高至800万马克。他认为,在这样一件微不足道的小事上,这里的订票员都做得这样完美,其他事情一定做得更优秀。

成功者之所以能够取得成功,是因为他们做事永远精益求精,力求完美。当一个人把事情处理得尽善尽美时,他心里的快乐远非笔墨所能形容。

一开始就把事情做对,前提是认真的工作态度和强烈的敬业精神。只有真正把工作当成自己的事,用老板的心态对待自己的工作,才会全身心地投入其中,并为之付出辛勤的汗水,直至达到自己的目标。

反之,如果你认为自己只是在为老板打工,干一份活就拿一份薪水.你必定会在工作中偷奸耍滑,投机取巧。虽然从表面上看,蒙受损失的是老板,但事实上,吃亏最大的是你自己。因为任何一位老板,要提拔一名员工，一定会挑选工作尽职尽责、凡事都力求做到最好的人，绝对不会看中那些做事懒惰、漏洞百出的人。

做事力求完美，可以使你的才能迅速提高，经验日渐丰富，从而被老板委以重任。从这个角度来看，把事情做到尽善尽美，是你一生成败的最关键因素。

失败的最大祸根，就是从小养成敷衍了事的习惯，而成功的最好方法，就是把任何事情都做得精益求精、尽善尽美，让自己经手的每一件事，都贴上“卓越”的标签。正如一位伟人所说：“轻率和疏忽所造成的祸患不相上下。”

一旦养成了对任何事都追求完美、善始善终的习惯，你一辈子都会受益无穷，这也是成功者和失败者的分水岭。成功者与失败者之间最大的区别，就在于他们无论做什么，都力求达到最佳境界，从不轻率，毫不放松。

8. 永远比别人多做一点儿

一个好员工，永远比别人期待的多做一点儿，每天提前一点上班，别以为是自己的损失，也别以为老板看不到，每天早起一点儿，这种积极的状态会带给你一种愉悦的精神面貌，也可能是让领导发现你的机遇。每天多做一点儿，初衷也许并非为了获得报酬，但往往获得的更多。“每天多做一点”，这种工作态度能使你的工作逐渐变得更加出色，你的老板会因此而关注你、欣赏你，从而给你更多的机会。

在职场上，我们不应该抱有“我不得不为老板做事”的想法，而应该多想想“我能为老板分担些什么”。

一个好员工，永远比别人期待的多做一点儿，每天提前一点上班，别以为是自己的损失，也别以为别人看不到，每天早起一点儿，这种积极的状态会带给你一种愉悦的精神面貌，也可能是让领导发现你的机遇。每天多做一点儿，初衷也许并非为了获得报酬，但往往获得的更多。“每天多做一点”，这种工作态度能使你的工作逐渐变得更加出色，你的老板会因此而更加关注你、依赖你，从而给你更多的机会。

每天多做一点，也许会占用你一些休息的时间，但是，你会比别人积累得更多，比如经验、技能、工作效率等等。更为重要的是，你的行为会为你赢得良好的声誉，并增加老板对你的器重和赏识。当今社会在不断地发展，作为公司的员工，你的工作范围也应该不断地扩大。只要你为公司多出一份力，那么你就多了一个发展的空间。

美国有一个叫亨利·瑞蒙德的人，他起初在美国《论坛报》做编辑。刚开始时的工资非常少，只能勉强糊口，但他还是每天平均工作13～14小时。往往是整个办公室的人都走光了，只有他一个人还在工作。他认为：“为了获得成功的机会，我必须比其他人做得更扎实。”

他在日记中这样写道，“当我的同事们在酒吧时，我必须在工作间里；当他们熟睡时，我必须在学习。”后来，他成为了美国《时代周刊》的总编。

每天多做一点，初衷也许并非为了获得更多的报酬，但结果却使你的工作更加出类拔萃，因此，你的报酬也会获得更多。

詹姆斯是一家公司的员工，他的升迁非常迅速，詹姆斯为什么会得到一再的提拔呢？原因就是他乐意去做他分外的事，从而引起了老板的注意。

詹姆斯总是在忙完自己的本职工作以后，不断地为他人提供服务和帮助，不管那个人是他的同事还是上司。詹姆斯将那些分外的工作，也当作自己的事来做，任劳任怨，不计报酬。渐渐地，老板有了找詹姆斯帮一个小忙或分担一些重要工作的习惯。

虽然多做了一些工作，没有得到额外的报酬，但是他从这种分外的工作中获得了更多的锻炼机会，并很快得到老板的青睐，获得了提升的机会。后来，詹姆斯成立了一家公司，自己当上了总裁。他的成功秘诀就是：每天多做一点点。

成功的人永远比别人付出得多，如果不是你分内的工作，而你却认真地完成了，也许你牺牲了喝咖啡的时间，但是你赢得机会的概率大大增加了。

9. 从容地提高工作效率

忙碌，曾经一度是充实的代名词。但是，忙碌付出的代价要比充实多得多。而这些代价又是我们人生的乐趣所在。仅仅作为谋生手段的工作是不快乐的，发挥智能和实现生命价值的工作才是最大的快乐。当工作和生活能互相平衡时，它们往往能相互促进，可以从容地提高工作的整体效率和生活质量。

一家大型企业的项目部负责人称，他一年到头经常失眠、头晕、呼吸紧张、心跳加快、动不动就心烦意乱，觉得自己经常要为工作奔波劳碌，很难应付；某机关人员认为自己的工作责任不大，没有什么刺激的事情，缺乏挑战和发展潜力，这样的工作使他感到无聊和乏味，没有激情，工作的时候经常无精打采。

以上两个例子中的人，都是因为长期忙碌而导致的工作疲劳症。在忙碌中，我们失去了健康、远离了个人爱好、忽略了家人朋友……很多人忙得无暇看一眼工作以外的世界，这种忙碌最终换来的只能是我们越来越闭塞的人生、匮乏的神经和疲惫、多病的身体。

人是一种有灵魂的生命，有他自己所要追求的东西，要想使自己的生活有价值，就要规划好自己的人生，想想你为什么生存，想成为什么样的人，想做出什么样的成就，花时间好好想一想这些问题，并且让它们时刻活跃在你的大脑里，一遍一遍地回忆它们，并为它付出努力；其次你要把你的想法列入计划，提高对它的重视程度；最重要的是你要有坚定的立场和切实的行动，没有行动，再好的假设也只是空谈。

李·雷蒙德，这个继洛克菲勒之后最成功的石油公司总裁，被人称为是工业史上绝顶聪明的CEO之一。因为没有人能够像他一样，令一家超级公司的股息连续21年不断攀升，并且成为世界上最赚钱的一台机器。

这个聪明人的信条就是：在速度中抓住机遇。在他的影响下，这一信条已经成为他所在公司秉持的理念之一，“追求高效”已经成为埃克森·美孚石油公司企业文化的一个重要信条，美孚石油公司跃升为全球利润最高的公司，有着埃克森公司和美孚公司携手的因素，但更重要的是，因为它拥有一支高效运转的员工队伍。

李·雷蒙德的一位下属曾经这样解释这一理念：速度往往是能不能战胜对手最为关键的一点，因此，无论做什么事，都要高速度、高质量地完成，只有这样，才能处于不败之地。

然而，无论我们是否在高效率地完成我们的任务，我们的工作都必须由自己去完成。通过暂时逃避现实，从暂时的遗忘中获得片刻的轻松，这并不是解决问题的手段。要知道，因为效率低下或者其他因素而导致工作业绩下滑的员工，就是公司裁员的对象。

生命是有限的，也是短暂的，在有限而短暂的生命过程中，我们的追求却是无止境的，改变不了生命的长短，那就尽量高效地利用它吧。社会的进步需要我们每个人的共同推进，我们在为别人的美好生活做各种努力的同时，别人也在为我们能安心工作而服务。

提高效率是通向成功的必由之路，我们可以在这条路上，从从容容地走下去。

10. 在职场中，退一步海阔天空

在这个崇尚"张扬个性"的时代，大多数人都在竭尽全力从不同角度展示着自己，甘于低调、平淡的人越来越少。可是，太过于张扬的人，反而会让人看清楚他身上更多的缺点。而那些低调退让的人，却总能够默默地积蓄力量，为成功做好准备。

在职场中，与人相处是一门很大的学问，如果稍有不慎，就会引来许多不必要的麻烦，轻则影响到工作和生活，重则会影响到职业生涯，甚至改变自己的人生轨迹。

因此，在与人交往的过程中，凡事要懂得向后退一步，凡事让一步，这种退让绝不是懦弱的表现，而是表现出一个人的风度，更是一种处世的涵养。

社会上许多功成名就的人，大家只看到了他们账面上的财富，很少有人关注他们为什么能够获得成功，坐拥万金。实际上，这些成功者大多都是低调的人，他们从来不会在人前表现得锋芒毕露，总是放低自己的姿态，以一个普通人的身份融入到人群中，与身边的人和谐共处。

这样做一来可以使自己免遭别人的嫉妒和排挤；二来可以暗中积蓄能力，悄悄地积累更多的财富，获得更大的成功。可见，在真正的财富和成功面前，退一步有时也是一种智慧，这并不是倒退，而是另一种"前进"。

郑晓寒是一位学习计算机专业的博士，但并不是每个公司都需要CEO，郑晓寒毕业后，求职照样遇到了瓶颈。他经过反思，决定不再以博士的身份出现，而是主动放下架子，处处谦虚谨慎。尽管如此，由于学历太高，又缺乏工作经验，郑晓寒在求职过程中仍然屡屡受挫。

后来，郑晓寒想："这些企业之所以不录用我，主要是看我学历太高，怕我的能力和我的薪水不对等，如果是小企业，又怕我狮子大开口，要一个他们无法支付的薪酬。看来，我需要改变一下策略了。"

想到这里，郑晓寒收起了自己的博士学历证书，拿出了自己的高中毕业证。他在求职的时候，以高中生的身份去应聘。很快，郑晓寒被一家软件公司录用了，分配给郑晓寒的职位是电脑录入员。

对于一名博士来说，做这种没有任何技术含量的"体力劳动"，若是换了一般人，肯定无法接受。可是，郑晓寒却没有丝毫怨言，在电脑录入员的岗位上兢兢业业，一丝不苟，他不仅录入得又快又准，还时常发现大家编程代码中的错误，帮助大家指正。很快，他的工作得到了同事的赞赏和部门领导的认可。

于是，部门领导将他的事情汇报给老板，老板决定亲自见一下郑晓寒。相见之下，老板感觉有些奇怪，因为他怎么看也看不出郑晓寒居然只是个高中生。因为一个高中生不可能有这样的气质，也不可能发现软件工程师们程序中的失误。

老板便问郑晓寒到底是什么学历？郑晓寒便拿出了自己的学士学位证书，老板便亲自给郑晓寒安排了一个实习程序员的工作。

可过了没多久，老板又发现不对劲了，因为郑晓寒的编程水平竟然比公司里最优秀的软件工程师还要强很多，另外，郑晓寒还经常提出一些独特的见解，这些建议有效提高了公司产品的市场竞争力。而这些事情是一般的大学毕业生做不到的。

老板又把郑晓寒叫到办公室，在他的询问之下，郑晓寒又拿出了自己的硕士学位证书，老板很高兴，破格让郑晓寒转了正，并提拔他为研发部的副经理。

工作了两个月后，老板还是觉得有问题。因为郑晓寒的表现要远远强于一般的硕士生，在老板的再三追问下，郑晓寒终于拿出了自己的博士学位证书，老板这才恍然大悟，他被郑晓寒的精神所感动，毫不犹豫地提升郑晓寒做了公司的副总经理。

在中国古代有一个高僧叫作契此和尚，他写过这样一首诗："手把青秧插满田，低头便见水中天，心地清凉方为道，退步原来是向前。"故事中的郑晓寒，就是一个懂得"退步原来是向前"的职场聪明人，他通过降低自己学历的做法，从最底层做起，以自己的能力打动了老板，最终当上了公司的副总经理。

可见，退一步海阔天空，退一步是为了进两步做好准备。如果总是过高估计自己，把自己置于一个高高在上的位置，那就很难被别人认可和接受。

放低自己的姿态，退后一步，这并不是有意贬低自己，而是一种不怕吃亏的精神和豁达大度的气魄。拥有这种精神与气魄的人，想要在职场中获得成功，就比一般人容易得多。

在这个崇尚"张扬个性"的时代，大多数的人都在竭尽全力，从不同角度展示着自己，而甘于低调、平淡的人却越来越少。

可是，太过于张扬的人，反而会让人看清楚他身上更多的缺点。而那些低调退让的人，却总能够默默地积蓄着力量，看似他们没有得到什么，当他们"爆发"的那一天，你会感受到从未感受过的力量。正是凭着这股力量，他们才能越飞越高。

11. 机遇到来时，要有敢赌的勇气

对于成功的人来说，他们一旦认准的事情，就会义无反顾地坚持下

去。有时候，认准的事情不一定进行得顺利，在前进的道路上也会遇到许多坎坷，但是，只要是他们认准的方向，他们就一定会将事情坚持做到底，争取最后的成功。

库克奇出生在美国的芝加哥，从小就跟着父母到德国居住。库克奇小的时候，就有一个与众不同的特点，那就是只要是他认准的事情，他就会不惜任何代价将事情做成。

在库克奇16岁的时候，他去柏林一家钢铁厂做工人，一干就是三年。在这三年中，库克奇虽然没有挣到多少钱，但他掌握了大量工作经验，而且，他认准了钢铁行业前途无量。26岁那年，他回到美国，进入了纽约一家投资钢铁的进出口贸易公司。

为什么放弃柏林稳定的工作却跑到美国换了一个全新的环境？对此，库克奇这样说："钢铁行业是讲究资历的，而我却非常讨厌论资排辈。但我会继续从事这个行业，因为我感觉它有着乐观的前景。既然我认准了这个行业，就要敢于下注。我的赌注就是我的青春与激情。我相信，通过自己的努力，我一定能在这个行业出人头地。"

在这家公司，库克奇凭着自己的经验与能力，没过一年便被破格提拔为总经理。正当他春风得意的时候，"二战"爆发了。个人的利益必须服从国家的使命，他只好去军队服役。战后，得胜归来的库克奇再度投入到钢铁行业，这次他做的是钢铁进出口贸易。

为了迅速打开市场，他几乎花费了自己所有的积蓄，同时还花大量时间和精力去研究竞争对手的情况，他每天工作近18个小时。

当别人问他为什么这样拼命时，库克奇的回答还是多年前的那句话："我既然认准了这个行业，就要敢于下注。我的赌注是我的青春与激情。"

就这样，在库克奇的拼命努力下，他的企业年营业额已经达到了3000万美元，纯利润也在400万美元左右。五年后，他的企业成为美国最大的钢铁贸易商之一。

在困难面前，库克奇没有退缩，更没有为自己寻找借口，而是横下一条心，将自己的时间和精力全部投入到工作当中。凭着这股激情，他最终获得了成功。

人生中想要获得财富，仅靠想象是没有用的，因此，当机会来敲门的时候，你一定要敢于下注，不能坐在那里犹豫不决，错失良机。

12. 不要为自己留太多的退路

我们都羡慕那些成功者人生的辉煌，但我们只看到了他们的成功，却很少有人关注他们成功背后所付出的艰辛。对于这些成功的人来说，他们也曾遭遇过失败，感受到挫折，但与别人不同的是，他们从来不会给自己留有退路。

在追求事业的道路上，不管任何的艰难险阻，都不能阻止成功者前进的脚步。只有永远向前，不为自己留有退路，才会将心思全部放在工作上，因为没有退路，就只好尽自己最大的努力，向着成功的方向前进。而任何一个人，一旦发挥自己最大限度去做一件事的时候，成功的几率是非常大的。

在生活中，退路永远都是留给失败者的，那些成功者从来没有想过为自己留有退路，因为在关键时刻，退路往往会成为一个人退缩的理由。想要成功就要切断退路，关键时刻，只有那些抱着破釜沉舟信念的人，才能走出困境，到达成功的彼岸。

林伟光在上学的时候，是老师和同学眼中公认的才子，他也一直坚信自己会有一个非常美好的未来，可是，工作将近10年，他仍然是一个普通

的小职员。许多当年远不如他的同学，都已经成了公司的副总、董事会秘书，而他现在每天仍然还在公司的底层奔波忙碌着。

为此，林伟光很苦恼，他找到了自己大学时的导师陈老师，想向他寻求改变自己现状的方法。陈老师早就离开了学校，自己做了一家咨询公司。

当陈老师得知林伟光的来意后，并没有提出什么办法，只是要请林伟光参加下周一公司组织的一次比赛。

比赛那天，林伟光如约而至。比赛的内容是迷宫探索，比赛的规则也很简单，每位选手面前有四条通往目的地的道路，要求选择最快的道路。

林伟光在出发前，做了一些准备，他将一根绳子系在自己身上，他想，即使是迷路了，也可以顺着绳子原路返回。然后他随便选择了一条道路，走了一会儿，找不到出口就放弃了，只好顺着绳子原路返回。

接下来，他又选择了第二条路，走了半天仍然找不到出口，他又回来了。他如此这般地尝试了三次，每一次都没有找到出口，他有些气馁。

这一次，他决心要挑战自己，他扔下了绳子继续出发，走了好久，他感觉像进了迷宫一样。这次，他没有放弃，坚持向前走，最后终于走出了迷宫。

可是，这里仍然不是最后到达的终点，在他面前出现了一片森林，看上去更加难走。他走进森林，费了九牛二虎之力，终于走出来了。

林伟光舒了一口气，继续向前走去。这时前面出现一条大河拦住了去路。

林伟光别无选择，只好纵身跳入河中，河水冰冷彻骨，不过，这难不倒他，他在中学的时候就是少年宫的游泳冠军。他在河水中奋力向前游，好在河水并不太深，水流也很平缓。

当他爬上对岸的时候，看到陈老师站在那里，微笑地看着他。令林伟光不解的是，几乎所有的选手都达到了对岸，他是最后一个到达的。

陈老师看着面带惊诧的林伟光说："其实，迷宫中所有的道路都可以走到对岸来，但关键是不要犹豫，只要勇敢地走下去，都会走向终点，如果

总是给自己留后路，只能不断地原路返回。”此时，林伟光终于明白了陈老师的用意：人生，不能总是为自己留退路。

故事中的林伟光是一个“聪明”人，他在最初选择的时候，总是给自己留好了退路，这才导致他一而再、再而三地失败。当他无路可退的时候，他反而获得了成功。

在生活中，如果你想要做一个了不起的人，就不要为自己留退路。这样，就能够将自己逼上绝境，置之于死地而后生。一个人一旦拥有了这样的雄心壮志，人生就有了奋斗的动力。这个动力能够促使我们努力拼搏，实现自己的人生目标。

在现代社会激烈的竞争中，许多失败者都停滞不前，不敢进取，主要是这些人缺乏一种坚持和努力，没有果断的执行力和韧劲儿。其实，成功往往就是再努力一下的坚持，如果能够在最后时刻再咬紧牙关，坚持一下，就能够看到成功的希望。

对于意志坚定的人来说，不管什么困难都阻挡不了他们前进的步伐；对于意志薄弱的人来说，一点挫折就会让他产生放弃的念头。如果你渴望成功，渴望获得财富，就要在寻求财富的道路上勇敢地走下去。只有将犹豫、胆怯等妖魔全部赶走，你才能看到成功的希望。

对于任何一个人来说，只要想成功，就一定能成功。当然，前提是要一直努力地奋斗下去，不要给自己留有任何退路。

很多时候，人生的成败只在瞬间，不给自己留有退路，就会将自己的信心与勇气全部集中在前进的每一步路上，你会竭尽全力、孤注一掷地不断前行。此时，任何困难都会被你踩在脚下，任何挫折都会被你甩在身后。当你历尽艰辛之后会发现：原来，成功就在自己眼前。

第四章
公司是老板的，能力是自己的

不管在哪里工作，都不要怀着打工的心理。要知道，公司虽然是老板的，可是，学到的本领却是自己的，能力谁也偷不走。

1. 为企业节约每一个铜板，提升自身竞争力

当今社会，企业和员工的关系不仅停留在简单的雇佣与被雇佣的层面，而逐渐显现出更加复杂、更加多元的表现形式。企业需要业务能力突出、各项素质优秀的员工，员工对企业的选择也不再是单纯地寻求谋生的岗位，而对工资、福利待遇以外的各项需求都在不断增加，更多的人倾向于企业对员工的满足和其自我价值、社会价值的实现。因而员工对企业忠诚与否，很大程度上取决于员工对企业是否产生了归属感。

一个员工在企业，就好像是鱼游在水中，鱼与水相互依存，彼此片刻难分。但是，很多员工并没有理解自己与企业之间的关系，有的人甚至以为，企业家大业大，浪费一点也没有关系，反正也不是浪费我自己家的钱。这种思想会严重阻碍你成为企业里的优秀员工。

我们可以细数那些对企业忠诚、对岗位忠实的优秀员工，他们无不具有强烈的主人翁意识，在他们身上始终洋溢着员工对企业发自肺腑、深入血液的归属感。

然而，在我们身边仍然存在一些损人利己、损公肥私的不良现象，作为企业的员工，应该牢固树立起“与企业一荣俱荣，一损俱损”的观念，用自己的实际行动实践一个员工对企业的忠诚。

布鲁特在来到自己所在公司工作之前，曾经花了很长时间学习和研究怎样才能使公司赚钱的策略。他在采购部门找到一个职位后，就非常勤奋而刻苦地工作，千方百计设法找到价格便宜的供应商，购进了百余种公司急需的货物。

布鲁特所干的采购工作其实并不需要特别的专业知识，公司需要什

么，他只要按照要求购买就行了，但他还是想方设法地为公司节约每一个铜板。在3年时间里，他总共为公司节约资金超过200万美元，虽然这对于一个年利润达上千亿的跨国公司来说，是微乎其微的，但公司副总经理知道后，马上给布鲁特晋职加薪。在36岁时，布鲁特已成为这家公司的副总裁，年薪超过百万美元。

布鲁特的敬业精神跟眼下许多刚刚走上社会的从业者形成了鲜明的对比，那种散漫、马虎的做事态度已经深深植入他们的潜意识中，做任何事都很随意，结果可想而知，不是被扫地出门，就是永远得不到重用，因为任何业主或老板都不会拿自己的事业或生意开玩笑，把重要的工作交给一个没有责任心、工作马虎的人去做。而那些把敬业变成习惯的人，无论何时何地，从事何种职业，都会最终取得成功。

作为一个立志成为优秀员工的人，一定要树立成本意识、认真分解目标、落实责任，真正实现“千斤重担大家挑，人人身上扛指标”的良好局面。每个管理者都要沉下心来，扎扎实实细致工作，把好每个环节，做好每道工序，发动公司全体管理人员乃至每一个员工齐抓共管，真正挖掘每一个可能降低成本费用的潜力，共同为公司的成本管理做出成效，提高公司的经济效益和竞争实力。

2.努力让自己成为复合型人才

每个在职场打拼的人，都希望自己成为复合型人才。可是，这其中的大多数人又不知道如何成为复合型人才。其实，想要成为一名复合型人才，首先要有效地规划自己的时间，将有限的时间利用起来，然后最大化地提高自己的工作效率。

(1)当断则断:决定下来才能采取行动

我们常常看到这样的事情,一个庞大的工程,所有的设备以及人员都准备好了,却迟迟没有开工,让全部人员等在那里,上层决策者却在讨论,迟迟不能作出决定。这样的情况,无疑是对时间的严重浪费。所以,我们做事要当断则断,应该做的就马上去做,不应该做的就立刻放弃,那种犹犹豫豫、拖泥带水的工作作风,只能让我们浪费更多的时间,错过更多的机会。

那么,我们怎样才能够做到当断则断、快速地作出决定呢?简单地说,应该做的,就是符合我们的理想目标而且在我们的能力范围之内的事,这就要求我们首先明确理想和目标,确定什么对我们最有意义,然后要了解我们自身的能力,评估一下,我们能不能做成这件事,做成这件事需要花多少时间,花这么多时间去做它值不值得。

如果你对这些都做到心中有数了,剩下的就是要坚定对自己的信心,要相信自己的决定,不要做墙头草,不要一有人提出异议,就立刻动摇自己的决心。

(2)不要把"明天"挂在嘴上

很多人都喜欢把"明天"挂在嘴边上:"这件事明天再做吧!"

"明天还有时间呢,等明天吧。"

"今天累了,明天再继续好了。"

有这样的心理,是因为我们对今天的重视还不够,假设今天是我们生命中的最后一天,你还会等待明天吗?你一定用自己百分之百的精力,把今天的事情安排好,所以,对于一个想把工作做好的员工来说,今日事今日毕,是一种必备的素质。

(3)不要单方面拖延与人约好的时间

当我们跟别人有约的时候,千万不要单方面拖延与人约定的时间,除非双方重新约定了时间,因为,单方的延误,会使别人的时间超出预算,从而浪费别人的宝贵时间。

所以,我们应该有自制能力,能够随时提醒自己,做一个守时履约的人。如果你总是迟到，就会失信于人，给你的个人信誉带来影响。

(4)强迫自己去做已经一拖再拖的事

办事拖延是很多人的习惯，所以，无论是在生活中，还是工作当中，我们总会遇到一些被我们拖下来的事，这些事情往往是我们非常不愿意面对的，而且越拖越久，根本不想去做了。

对治这种毛病，最好的方法就是马上去解决它，只有适当地强迫自己，才能养成自律的好习惯。

将上面四个方法熟练掌握之后，就会大大提高自己的工作效率，成为一名真正的复合型人才。

3. 从大处着眼，从小处着手

从大处着眼之后，必须从小事做起，从点滴做起，这是事业成功的开端。一个善于考虑细节、注重细节的人，不仅会认真对待工作，而且会将小事做细，注重在做事过程中的细节，从细节中发现机会，从而走上成功之路。

在工作当中，凡是要解决问题的时候，一定要从大处着眼，也就是说，在看待一个问题的时候，要有战略眼光和长远思维路线，站得高一点，才能看得远一些。

洞察全局的人就如同站在山顶，可以清晰地看到山下攀登者的行动，对登山者如何落脚、怎样攀登、什么样的行程路线都了如指掌。一个人想成大事，必须全方位地洞悉每一个角落，大大小小的问题，要像过筛子一样去过滤，从中找到自己的切入点。

从大处着眼之后，还必须从小事做起，从点滴做起，这是事业成功的开始。一个善于考虑细节、注重细节的人,不仅会认真对待工作,而且会将小事做细,注重在做事过程中的细节,从细节中发现机会,从而走上成功之路。

1962 年 7 月,在美国西北部一个名叫本顿维尔的小镇上,一家名为"沃尔玛"的商店开业了,店主是 44 岁的退伍兵沃尔顿。

40 多年后的今天,沃尔玛已成为全球最大的商业连锁集团。在《财富》500 强排名中,沃尔玛名列前茅。

沃尔玛经营的秘诀有两个:就是价格与服务。单说这两点,没什么稀奇,但是,沃尔玛的具体实施细节却是与众不同的。

首先,沃尔玛实施了"一美元策略",用老板沃尔顿的话讲,就是:"我们珍惜每一美元的价值,我们的存在是为顾客提供价值,这意味着除了提供服务外,我们还必须为他们省钱。每当我们为顾客节约了一美元,就使自己在竞争中占先了一步。"

为做到这一点,他实行了全球采购战略,"低价买入,大量进货,廉价卖出",认真比较同等质量水平的每一种商品的价格,确保以最低价格拿到最优商品。

其次是"八颗牙微笑",沃尔玛有一个非常重要的"微笑培训",每个营业员必须露出八颗牙齿才算合格。

因为经过调查和研究,专家们认为只有把嘴张到露出八颗牙齿的程度,一个人的微笑才是最美的。沃尔顿就是靠着这两招撒手锏,将一个名不见经传的小商店,经营成为全球知名的零售企业。

其实,很多成功经验并不神秘,只不过是有人忽略了细节的作用,总想着大问题,却忽略了小事情。无论在商场还是在战场,无论是在工作中还是生活上,任何一个细节都是不可忽视的,细节透露的信息,往往具有巨大的价值。

当然,我们在注重细节的同时,也要注意整体把握,透彻分析,就像下棋一样，不能走一步算一步，要对棋局有整体把握。具备睿智的眼光和卓越远见的人，他们才会从“大处着眼，小处着手”。

古人云：“天下难事，必做于易；天下大事，必做于细。”可见，不管多大的事，都是由小事积累而成的。如果没有小事的积累，就成就不了大事。将小事做到位，大事自然就做好了。如果能够将每一件小事都做好，那就一定能够与成功同行，与优秀同在。

著名的儒家代表人物荀子曾说：“不积跬步，无以至千里；不积小流，无以成江海。”不管多么伟大的理想，多么辉煌的事业，都是从不起眼的小事开始做的。因此，我们在工作中，要学会大处着眼，小处着手。

纵观世界，那些具有卓越成就的人，那些声名显赫的成功者，大多都是脚踏实地，把每件小事做好的人。做好小事是做好大事的前提，如果每个人都能够将小事做好，那么再做大事就可以胜任了。

4. 专注工作，高效执行

当我们确定了正确的目标之后，就要集中精力、为目标的实现而殚精竭虑，只有这样，我们才能更快地接近目标，如果我们心有旁骛，不能集中精力，我们就会远离目标，永远不能实现自己心中的理想。所以，专心者要能耐得住寂寞，耐得住清贫，不为外面精彩的世界所诱惑，不为各种名利所驱使。唯有如此，才能一心一意从事我们所热爱的工作。

美国政治家亨利·克莱曾经说过：“遇到重要的事情，我不知道别人会有什么反应，但我每次都会全身心地投入其中，根本不注意身外的世界。那一时刻，时间、环境、周围的人，我都感觉不到他们的存在。”

这就是专注的力量，当我们确定了正确目标之后，就要集中精力、为目标的实现而努力，只有这样，我们才能接近目标，实现目标。如果我们心有旁骛，不能集中精力、集中体力为实现目标而努力，我们就会远离目标，永远不能实现自己心中的理想。

有一位农夫，早晨起来后，告诉妻子说他要进城买饲料。

当他启动货车的时候，他却发现货车没有油了，他打算去加油站，但是，在路过牛棚的时候，他突然想起三头牛还没有喂，于是，便转身往家里走，去喂他的牛。

经过仓库时，他望见仓库外面有一些玉米，他想起玉米可能正在发芽，于是，又朝种植玉米的田地里走去。路途中，他经过木材堆，又记起家中需要一些柴火；正当要去取柴火的时候，他看见了一只生病的猪躺在地上……

这个农夫就这样来来回回地跑，从早上一直跑到夕阳西下。结果，饲料没有买成，汽车的油也没有加，牛也没有喂，柴也没有取……忙碌到最后，什么事也没有做好。

荀子在《劝学》中说："锲而舍之，朽木不折；锲而不舍，金石可镂。"古今成大事者，大多具有这种执著的精神。一个专注者往往是默默无闻的，普通得如同田野里耕作的农人和车间里生产的工人，谦卑得如同郊外的草树，如同山谷里不为人知的流水，但是，他们还有着一个共同的特点，就是对自己所追求的事业具有献身精神，能够把自己的时间和精力都投入其中。

然而，光有想法而不付出实际行动，再好的想法也只能是空想。因此，做事情不光靠想，更要靠做，也就是把想法付诸实践。

很多人不能梦想成真，不是因为没有成功的潜质，而是因为自己的犹豫和拖沓，使自己一再错过机会，最终与成功失之交臂。

可见，果断而有效的执行力，是我们通向成功的第一步。雷厉风行的工作作风，是一种自信而果断的表现，更是一种吸引别人的巨大魅力；做事拖拖拉拉、优柔寡断的人，往往会给人留下一种心不在焉、无精打采的印象。两者相比，前者更能给人留下一个值得信赖的印象，无形中就产生了一种外在的吸引力。

要想成为一个不平凡的人，那就必须懂得专注，懂得为自己的目标锲而不舍地投入时间和汗水。当你全神贯注时，你完成工作的速度和效率会相当惊人，就像是一个广角或可调焦距的镜头，只要缩小焦距，你就可以朝着你所想的方向不断前进。

5.拥有勇于创新的精神

无论是一个国家，还是一个企业，要进步，要发展，都要有一股推动其不断向上的动力，使人们能够产生强烈的求知欲和创造力，这个动力的形成，正是基于勤奋学习和知识累积。人们越是学习，未知的世界就越大，人只有不断学习、不断积累，才能不断地创新。

社会每向前发展一步，历史都会翻开崭新的一页，在发展的过程中，留下了人类不断创新的脚印。创新是财富的源泉，创新是成功的第一要素。

在现实工作中，有很多创新的思维和方法，是可以产业化、规模化，为人类社会创造出巨大价值的。但是，很多人只是停留在思考的表面，从来没有深入地思考过这些问题。

大量事实表明：从最常见、最普遍、重复出现的现象中发现规律，勇于质疑、善于发现，则是不断创新的源泉，许多做出过重大贡献的人，都具有极强的创新能力。

无论是一个国家，还是一个企业，要进步，要发展，都要有一股推动其不断向上的动力，使人们能够产生强烈的求知欲和创造力，这个动力的形成，正是基于勤奋学习和知识累积。人们越是学习，未知的世界就越大，人只有不断学习、不断积累，才能不断地创新。

美国有一间生产牙膏的公司，产品优良，包装精美，深受广大消费者的喜爱，每年营业额不断刷新历史纪录。在前十年，这家工厂每年的营业增长率为20%，可是，到了第十一、第十二年时，则停滞下来，每个月维持同样的数字。董事会对此表现感到不满，便召开全国经理级高层会议，以商讨对策。

会议中，有一名年轻经理站起来，扬了扬手中的一张纸，对董事们说："我有个建议，若您要使用我的建议，必须另付我5万元！"

总裁听了很生气说："我每个月都支付你薪水，另有红包奖励，现在叫你来开会讨论，你还要要求给你5万元，这是不是太过分了？"

这个年轻人镇定自若地说："总裁先生，请别误会，若我的建议行不通，您可以将它丢弃，一毛钱也不必付。"

"好！一言为定！"总裁接过那张纸，看着看着，他的眉头舒展开了，读完那一张纸之后，毫不犹豫地签了一张5万元支票，送给那位年轻的经理。

参加会议的人员对此大惑不解，不知道那张神秘的纸上到底写了什么。其实，那张纸上只写了一句话："将现有的牙膏开口扩大1毫米。"

总裁马上下令，将新出厂的牙膏更换新包装，开口扩大1毫米。

试想，如果每天早上，全国每一个消费者都多挤出1毫米长的牙膏，那么，每天牙膏的消费量将要增加多少倍呢？看起来只是一个很小的建议，但是，却无形中增加了产品的消费量，这个决定，使该公司在第十四年中的营业额增加了32%。

随着社会的不断发展，人们的思维观念也随之改变。有些人总是在旧思维的基础上，力求做到最好，而有些人则志在打破旧观念，建立一种与众不同的新观念。相比之下，懂得创新的人，会比那些因循守旧的人更容易脱颖而出。

1969年，伊夫·洛列创办了一家美容品的生产工厂，每天早上，在开早会的时候，伊夫·洛列都会这样告诉员工："大家要记住，每一位女顾客都是我们的潜在客户，我们要向女王般对待她们。"

员工们牢牢地记住了这句话，许多到洛列店中的女顾客，都感受到了"顾客就是上帝"这句话的真实含义。

为了使销售更加灵活，洛列开始采用邮售化妆品的方式，这在当时可是一个伟大的创新，也是一次大胆的尝试。许多慕名的顾客如果不方便来洛列的店中购买，可以寄来邮购单。公司收到邮购单后，会以最快的速度将产品邮递给顾客，同时还会附上一件精美的礼品。

优质的服务为公司带来了良好的业绩，公司每年寄出的邮包达到了900多万件。就在这一来一往的邮包中，洛列赚到的钱也在成倍增加。

在20年的时间里，洛列已经拥有400余种系列产品，近千万名忠实的女客户，洛列开设的分店也增长到了960家。这一切的成就都是在悄无声息中取得的，甚至在发展的过程中从未引起竞争对手的警觉。当然，公司得到如此迅速的发展，正是依赖了洛列的创新精神。

洛列的经历令人羡慕，他的成功，完全是敢于创新的结果。正如著名的管理大师金克拉所说："如果你想快速成为富人，那最好去创新，去走一条别人从未走过的路。"

6. 培养"不达目的不罢休"的精神

追求成功就像跑一场马拉松赛，最初的参赛者可以说是成百上千，但跑了一程之后，参赛者便渐渐减少，马拉松赛与其说是比速度，不如说是比耐力。做任何事情，都和马拉松赛跑一样，成功与否往往只是一步或半步之差，退出比赛的人，永远没有获胜的机会。只有坚持不懈地完成你的目标，无论遇到什么困难，都尽量去克服，坚持到最后，成功一定是属于你的。

成功者要像钓鱼高手那样沉得住气，否则，就会重复《小猫钓鱼》里小猫的命运，到最后，连一条鱼也钓不到。既然我们知道，命运是一盘棋，那么，就让我们耐心一些，把我们人生的这盘棋下好，下出精彩，下出最终的胜利。在准备下好人生这盘棋的时候，决心和耐心是两样必不可少的东西，只有付出了决心和耐心的人，相信命运一定会给他丰厚的回报。

“二战”期间，德国希特勒曾经希望诱降英国。希特勒说：“我对英国只有一个要求，请英国走开，把欧洲留给我。”

但是，丘吉尔却回答说：“不，我绝不走开，如果我们失败，那么整个世界都将在滥用科学的魔掌中坠入新的、更漫长的、更邪恶的黑暗世纪。”

丘吉尔选择了向德国宣战，但是，丘吉尔知道，仅凭英国一国之力，根本无法战胜强大的德国。这时候，他把目光投向了德国以外的所有的国家，其中，他最关注的国家就是美国和苏联。

可是，当希特勒的空军对英伦三岛狂轰滥炸时，美国还在大西洋的彼岸，享受着和平的阳光。尽管罗斯福总统同情和支持遭受法西斯侵略的国家，但他并不想把美国卷入战火。

丘吉尔的母亲是美国人，所以，丘吉尔在向美国发表的一系列演说中，充满了激情。他说，一旦希特勒纳粹政权的阴霾散去，伟大的美利坚民族为此所做的努力和贡献，将会铭记于世界所有正直、善良的民众的心中。丘吉尔凭着三寸不烂之舌，说服了罗斯福总统，在没有参战的情况下，作出了虽不参战，但是全力支援的决策，于是《中立法修正案》、《租借法》纷纷出笼，根据《租借法》，英国用基地换取美国的巡洋舰，但是，当时美国人给英国的一些巡洋舰是根本不能用的旧船，丘吉尔对此非常恼火，但是，他知道，要想彻底战胜德国，必须把美国这个盟友拉进来。

丘吉尔强压怒火，继续与美国沟通，终于，在1941年8月9日，罗斯福和丘吉尔在纽芬兰举行了阿金夏会议，英、美两国首脑发表了《大西洋宪章》，表示两国正式建立联盟关系，丘吉尔拉美国进入联盟的想法终于实现了。

除了与美国结盟之外，另外一个重要国家就是苏联，但是，丘吉尔非常仇视苏联的社会主义制度，十月革命胜利不久，丘吉尔就声称要把“苏维埃制度扼杀在摇篮之中”，但是，当“二战”爆发之后，丘吉尔却提出一个观点，他说：“我就像需要空气一样，需要德国与苏联开战。”为了达到这一目标，他指令英国的情报机关密切关注德国对苏联的军事动向，并且通过各种渠道，把德国对苏联的军事动向转告给苏联政府。

1941年6月21日这天是一个周末，丘吉尔又到伦敦郊外去，休息前，他对自己的秘书说：“如果有德国进攻苏联的情报，你立刻送来。”

他的秘书就问他说：“如果德国进攻苏联，首相，您采取支持苏联的政策，是不是违背了您从前的政治理念？”

丘吉尔说：“不，一点也不违背，现在我只有一个目标，那就是消灭希特勒，这个目标让我的生活变得更加单纯了。”

1941年6月22日，当英国外交部得到了“苏联遭到德国的进攻”的情报时，他的秘书将这个消息告诉了丘吉尔。

丘吉尔在当晚9点，发表了著名的演说，他说：“我们只有一个宗旨，一个唯一、不可改变的宗旨，我们决心要毁灭希特勒，及其纳粹制度的一切痕迹。我们绝不同希特勒和他的党羽谈判，根据上述理由，我们将要对苏联和苏联人民给予我们能够给予的一切援助，只要一息尚存，力量还在，我们一定会战胜共同的敌人！”

正在遭受纳粹侵略战火的苏联，也从丘吉尔的演说中得到了鼓舞，1941年10月1日，英国、苏联、美国召开莫斯科会议，通过著名的《莫斯科宣言》，至此，丘吉尔终于把美国和苏联全都拉入了进来，丘吉尔克服了种种难以想象的困难，超越了意识形态的分歧和社会制度的差异，捐弃前嫌，求同存异，为建立国际反法西斯联盟奠定了基础。同时，也实现了丘吉尔最初设定的目标。

丘吉尔有句至理名言："永远，永远，永远不要放弃！"他用毕生的成功经验告诉人们：成功根本没有秘诀，如果有的话，就只是两个，第一个是坚持到底，永不放弃；第二个就是当你想放弃的时候，回过头来照着第一个秘诀去做，坚持到底，永不放弃。

身在职场，不管你从事什么样的工作，只要放弃了就没有成功的机会；不放弃，就会一直拥有成功的希望。

有些人在开始做事时充满热情，但因缺乏坚韧与毅力，往往半途而废。在工作中，一旦养成了半途而废的不良习惯，就永远不可能出色地完成任务。

一个人是否有工作成绩，首先要看他做事情是否有恒心，能否善始善终。这是界定一个人是否能够取得成功的分水岭。

7. 练就非凡的洞察力

许多人在制订计划的时候，往往忽略了预见的重要性和全面性，或者被短期的利益蒙蔽了双眼，做不到未雨绸缪，看不到长远的利害关系和事情的发展趋势，这样很可能会在前进中遭受挫折，因此，在工作中练就非凡的洞察力就显得尤为重要。洞察力可以让你洞悉对方的心思，平衡各个方面的利益关系，将工作顺利进行到底。

俗话说"天有不测风云，人有旦夕祸福"，当我们制定一份工作计划的时候，要综合考虑各种因素，理顺各种关系，减少行动的盲目性，增强计划的预见性，只有这样安排工作，才能杜绝人力、财力、物力的浪费，做到计划全面合理。

许多人在制定计划的时候，往往忽略了预见的重要性和全面性，他们或许被计划表格中的条条框框所束缚，或者是被短期的利益蒙蔽了双眼，没有预见中间可能出现的一些挫折和损耗，做不到未雨绸缪，看不到长远的利害关系和事情的发展趋势，就很可能会在前进中遭受挫折，因此，在工作中，练就非凡的洞察力，就显得尤为重要。若想一眼看穿利害关系，最重要的，就是在工作当中学会察言观色，洞悉对方的心思，综合平衡各个方面的利益关系。想要做到这些，就得练就试探他人心思的本领。

试探他人心思，有着诸多的方法和技巧。根据心理学的分析，最常见的技巧，就是"类似情形试探法"。这种方法就是跟对方讨论一个话题，这个话题不直接指向你心里所怀疑的那个目标，这样，你可以根据对方对这一问题的反应，分析出对方的真实心理。

北京某旅行车的一位导游，接待了一个台湾旅游团。在游览过程中，他发现一位老太太的精神不好，总是闷闷不乐，话也极少。

导游就去跟她聊天，进行耐心的安慰和开导，在聊天中，导游得知，这位老人家是和她的乡亲一起出来到内地观光的，全程十多天，北京是他们此行的最后一站。

出门的时候，老太太就牙疼，一路上，牙疼得越来越厉害，最后竟然不能吃饭，痛苦难挨。老人家身边没有亲人照顾，她又担心说出来以后，别人嫌她事多，以后不再带她出来旅游，所以就一直忍着。

导游发现老人牙龈红肿。当晚回到饭店，导游安排好其他客人之后，就带着老人到协和医院看急诊。医生对他们说，老人的牙发炎已经非常严重，如果不及时治疗有可能引起严重的并发症。于是消炎、打针、取药、拔牙，一直忙到了深夜一点多钟，当导游把病人送回饭店，自己再回到家中，已经是凌晨三点了。

第二天，老人终于露出了笑脸，情绪也好多了。

故事中的导游，就是一个察言观色的高手，同时还是一个具有高度敬业精神和爱心的人，他通过自己细致的观察，及时发现了老人的病情并及时带她进行治疗，避免了严重事故的发生。一般情况下，可以在人们的表达方式中观察到对方真实的一面。只要仔细观察、揣摩、思考，就能发现很多重要的隐患。

察言观色在实际运用上主要表现在以下几个地方：

(1)通过说话的速度看透对方深层心理

如果对某人心怀不满的时候，许多人说话速度会很慢，有的还略带迟缓。如果心中有鬼或对人说谎的时候，在说话时语速会不由自主地加快。

比如，某人下班时没有按时回家，他在办公室与同事打了半宿麻将。回到家中，老婆问起来，他会马上跟老婆撒谎说加班了，而且会诅咒公司的工作太累了。此时他的语速一定比平时要快得多。聪明的老婆看到这样的情形，一下子就能猜出老公在撒谎。

(2)透过说话的语调来看破对方心理

上面提到的那位“加班男人”，当在回答说自己加班时，除了语速比平时快，语调上也是慷慨激昂，好像自己恨死了加班。

当两个人的意见不一致时，一个人说话的语调会很高，力求在语调上压倒对方。对于那些心怀恶意的人，或者那些对别人有企图的人，他们在说话的时候一定会抑扬顿挫，制造出一种与众不同的气氛，为的是吸引别人的目光，将自己的能力炫耀给别人。

(3)从听话方式中看破对方心理

一场谈话包括两种人，一种是说话者，一种是倾听者。在与人交谈的时候，可以通过对方听自己谈话时的各种反应，来探寻对方的真实意图。

如果一个人听得认真，他会正襟危坐，双目直视对方。反之，则会左摇右晃，腿不停地抖动，表现出一种不耐烦的样子。根据对方在听你讲话时的不同反应，可以判断出他的心理状态。明白这些，即使在对方不说话的时候，也能看透对方的心理。

8. 学会使用满腹牢骚的下属

在现代职场上，随着社会竞争压力的越来越大，人们的情绪也变得异常暴躁，为了一点小事就怒气冲冲，牢骚满腹。作为一名管理者，你要学会与这样的人相处，而不是把他们一味地排斥在外。作为一名员工，能做到让自己不发牢骚是一种境界，作为一名管理者，能够与爱发牢骚的员工和谐相处，是一门艺术。

许多企业的人力资源部门的负责人，都会有这样一个共识：如果两个人同时来应聘部门主管，他们的综合能力相差不大，自然要选择那个态度积极的人。因为态度积极的人有激情，做事主动，更为重要的是，态度积极的人更渴望得到这份工作，相比之下，更容易压低工资。试想，那个积极的人，既然那么渴望来做主管，从某种程序上满足了他的欲望，钱少给一些，他肯定不会计较。

如果聘用了那个态度傲慢的人，虽然他的能力也不错，但是，这样的人成为主管之后，如果在薪水、福利等方面不能达到他的预期，很容易牢骚满腹，他会认为，自己没有理由死心塌地地为公司卖命。

在现代职场上，随着社会竞争压力的越来越大，人们的情绪也变得异常敏感，动不动就会火冒三丈，心理非常脆弱。因此，不管是在生活中还是在工作中，都要学会控制和管理好自己的情绪，不要为了一点小事就怒气冲天，牢骚满腹。

作为一名管理者，你要学会与这样的人相处，而不是把他们一味地排斥在外。作为一名员工，能做到自己不发牢骚是一种境界，而作为一名管理者,能够与爱发牢骚的员工和谐相处,是一门艺术。

有一天,总经理乔治的秘书丽莎请假,没来上班,乔治就让公司里的另外一名职员科尔帮自己收拾一下办公室,并为他冲一杯咖啡。这个员工本来是一名业务骨干,见上司让自己干杂活儿,心里很不舒服。

乔治对科尔说:"科尔,你是不是不高兴啊?做这一点小事很难吗?"

听了上司的话,科尔硬着头皮为上司乔治整理办公桌上的文件,好不容易把桌上的文件整理好后,又帮乔治冲好一杯咖啡,重重地放在了乔治的桌上。

这时,科尔突然发现,乔治办公桌的一角有一个精致的小盆子,盆中有许多黄沙,在阳光的照射下泛着一种金色的光泽。这时,乔治和颜悦色地说:"年轻人,每个人在一生中,都会遇到许多委屈的时候,遇到一点小事,就破坏了自己的心情,太不应该了……"

说着,乔治从小盆子里抓起一把细沙,然后握拳,沙粒从指缝间流下来。乔治接着说:"这盆细沙是一个朋友送给我的,因为我以前的脾气和你一样,情绪经常失控,爱发脾气,但是,现在,我已经学会了用它来控制自己的情绪,每当我想要生气的时候,我就会握住一把沙子,当沙子从我的指缝间漏掉之后,我的怒火也随着它一起消失了。"

科尔看着眼前这盆细沙,脸一下子红了。

乔治说:"不管做什么事情,都要先控制好自己的情绪。"

听了乔治的话,科尔的心情一下子开朗了,他也忍不住,上前抓起一把细沙……

在职场上,有许多员工爱发牢骚,对公司、对领导充满抱怨,有着说不完的意见。如果你遇到了这样的下属,不要轻易地作出炒鱿鱼的决定,一定要学会跟他们相处,学会驾驭他们,利用他们的能力为公司效力。

一般而言,利用好牢骚满腹的下属,并不是一件容易的事,作为上司,可以从以下几个方面入手:

(1)向下属描绘远景

想办法让你的下属更清楚地了解你的工作计划，让他们看到未来远大的目标和实现后的美景。这样一来，你的下属就会对工作更加积极，充满激情，对公司的健康发展起到推动作用。

(2)授予下属一定的权力

任何一个人都喜欢权力，作为一个领导，在向下属分配工作的同时，要授予他们一定的权力，这样能够调动他们的工作热情，能够更认真地把你交待的事情做好。

(3)给下属好评更给力

有些下属喜欢听到领导对自己的好评，如果他们认为自己做出了一些工作成绩却没有得到领导的认可，就会开始抱怨。这时，作为一个领导者，需要及时给予下属鼓励，让他们得到认可，从而激发工作热情，更加努力地工作。

(4)学会倾听下属诉苦

每个人的职场生活，都是苦乐参半的，作为上司要充分地理解下属，如果能够耐心地倾听他们的苦衷，就会得到下属的信任，他们会把你当成他们的朋友，缩短上司与下属之间的距离，戮力同心，把工作做好。

(5)奖励下属的成就

作为领导者，如果能够充分肯定下属的工作成绩，并给予一定程度的奖励，这样不但可以提高下属的工作效率和士气，同时也能够提高他们的忠诚度，激励他们敢于迎接更大的困难和挑战。

(6)给下属提供培训的机会。

许多企业员工都渴望得到一些培训的机会，如果老板能够给他们提供一些这样的机会，让他们免费参加一些必要的培训，不仅可以提升员工的素质，也可以提高员工的创造力。

9. 增强素质储备，让自己变得更强大

一个人的能力是可以通过工作慢慢培养起来的，但一个人的素质则需要很长时间的积累、沉淀，才能够养成。许多在职场上拼搏的人们，他们表面看似风光，其实也有着许多的烦恼和困惑，这需要在自己的日常工作之中，不断提高自己的素质，来应付工作当中的麻烦。

职场上许多优秀的员工都明白素质的重要性，它在很多时候往往能够决定一个人的成败。那些拥有良好素质的人，常常能够在不经意间获得成功的机会。

在一次大型招聘会上，一家著名外企的人事经理说，他们本想招一个有丰富工作经验的资深会计，结果却破例招了一位刚毕业的女大学生。让他们改变主意的起因只是因为两块钱。

当时，女大学生因为没有工作经验，在面试第一关就遭到了拒绝，但她并没有气馁，一再坚持，请求主考官再给她一次机会。主考官拗不过她，只好答应了她的请求。结果，她通过了笔试，由人事经理亲自复试。人事经理对她颇有好感，因她的笔试成绩最好，不过，女孩的话让经理有些失望。她说自己没有工作经验，唯一的经验是在学校掌管过学生会的财务。找一个没有工作经验的人做财务会计不是他们的预期，经理决定收兵："今天就到这里，如有消息我会打电话通知你。"

女孩从座位上站起来，向经理点点头，从口袋里掏出两块钱双手递给经理："不管是否录取，都请给我打个电话。"经理从未见过这种情况，问："你怎么知道我不给没有被录用的人打电话？"

“您刚才说有消息就打，那言下之意就是没录取就不打了。”

经理对这个女孩产生了浓厚的兴趣，问：“如果你没被录取，我打电话，你想知道些什么呢？”

“请您告诉我，我在什么地方不能达到你们的要求，在哪方面不够好，我好改进。”

“那两块钱……”女孩微笑道：“给没有被录用的人打电话不属于公司的正常开支，所以由我付电话费，请您一定打电话给我。”经理也笑了，“请你把两块钱收回，我不会打电话了，我现在就通知你：你被录用了。”

也许你会觉得不可思议，仅仅因为两块钱，一个大公司竟然录用了一个没有任何工作经验的人。可是，拥有优秀的品质，比拥有多少工作经验都重要。有些企业，他们对员工人品的看重，远远胜于对工作经验的看重。拥有良好的素质，能够为自己的成功增添砝码。

在职场中的人，都应该学会修炼自己的品格。俗话说：“德高艺更高。”那些人品出众的人，大多拥有一身过硬的本领。而这样的人，正是许多企业追逐的目标。

因此，想在职场上获得老板认可，成就自己的辉煌人生，就要注意培养自己的素质，让自己变得更加完美，更加成熟。只有这样，你的位置才能做得更稳。

10. 借助公司的平台成就自己

当自己没有实力的时候，公司就是培养我们能力的学校，是帮助我们成名的舞台。很多人的能力和名气，都是由于在著名公司工作得来的。有了丰富的工作经验的积累，你做起事情来就会事半功倍。

现代社会，资本为王，如果我们想要靠自己辛辛苦苦地赚钱，积累到一定程度的时候再开公司，这几乎就等于天方夜谭。与其靠自己辛苦打拼，不如把公司当成展示自己的平台，在这个舞台上勤勤恳恳地努力，照样可以实现自己的人生理想。

当你还是一个默默无闻的小人物时，不妨借助公司的名气、资源，让别人注意到你的存在，为自己的成功铺就道路，为自己的未来寻找出路。

美国著名珠宝商人狄德斯出生在美国一个贫苦的黑人家庭，自幼父亲去世，他15岁的那年，跟随母亲移居到了纽约。

为了将来能够在社会上立足，狄德斯想要学一门过硬的手艺。于是，他去一家珠宝店做学徒。这家珠宝店是纽约最高档的珠宝店之一，不管什么材料，一经这家店加工，价格就会上涨数倍。另外，店主卡森也是当地最著名的工匠，他亲手打造的首饰价钱更是贵得离谱，因此，这家珠宝店深受当地名流的喜爱。

卡森是一位非常严格的老板，他培训学徒非常严格。第一天上班，卡森就给狄德斯分配了任务，让他练习凿石头。这是一件非常有技术含量、又非常艰苦的工作，需要把一大块石头用锤子和手钻打成20块大小相似、形状一致的小石头。另外，卡森还告诉狄德斯，如果打凿得不合格，不准吃饭。

最初，由于狄德斯缺乏经验，总是完不成任务，他也因此时常饿肚子。随着时间的推移，他越做越精，深得卡森的欣赏。两年后，狄德斯成了卡森最器重的店员和最主要的助手。可是，由于工作中的误会，师徒二人恩断义绝，狄德斯也被解雇了。

失业的狄德斯决定自己开一家首饰加工店。刚开张时，狄德斯到处招揽生意，可由于自己没有名气，没有一位客户愿意来他的店。这种境况令人沮丧，狄德斯经过仔细分析，决定换一种方式做生意。

他将当地名流的联系方式都搜集在一起，然后分别给他们寄出一封信，在信中介绍了自己的技艺和超值的优惠。一周后，他做成了自己第一单生意。

有一天，一位衣着华丽的妇人来到狄德斯店中，她对狄德斯的手艺非常满意，她笑着问："狄德斯先生，你的手艺真棒，是从哪儿学来的？"

狄德斯谦虚地回答："是从卡森珠宝店卡森老板那里学的。"

妇人非常惊讶地说："天啊！就是那位鼎鼎大名的卡森先生吗？原来你是他的学生，怪不得你手艺如此高呢！"

比妇人更吃惊的是狄德斯，他知道卡森很有名气，但他没想到，与自己朝夕相处的师傅的名气竟然这么大。对此，狄德斯决定借卡森之名来成就自己的事业，从这之后，每当有人来到他的店中时，狄德斯总是这样介绍自己："我是卡森先生的徒弟狄德斯……"

过了将近一年，狄德斯已经是纽约小有名气的工匠了，店中的生意自然是越来越好。

1937年夏的一天，狄德斯接待了一位著名的批发商——约翰逊，约翰逊是美国最有名气的珠宝批发商。

狄德斯用自己的真诚和精湛的手艺打动了约翰逊，他同意做狄德斯的经销商。借助约翰逊的名气，狄德斯名声大振，他的产品也逐渐得到了美国上流社会的认可。

可见，当自己没有实力的时候，公司就是培养我们能力的学校，是帮助我们成名的舞台。很多人的能力和名气，都是由于在著名公司工作得来的。有了丰富的工作经验的积累，你做起事情来就会事半功倍。所以，借助公司的力量来成就个人的梦想、实现自我的人生价值，往往比自我创业更容易成功。因为一个人的力量总是有限的，当自己的力量还不足以获得成功时，要学会借用公司的平台来开创自己的事业。因此，我们要做一个善于借力的人，与公司一起成长，进而实现个人的价值与理想。

11. 不要因为害怕就不去尝试

当一个人过于看重面子的时候，面子就会成为我们人生道路上的绊脚石。要知道，面子并不等同于尊严，只有勇敢地放下面子，才能为自己打开一个新局面，获得事业和人生的双重成功。

中华民族是一个非常讲究礼义廉耻的民族，中国人非常爱面子，爱面子既是好事又是坏事。说它是好事，是因为人爱面子就能够约束自己的行为；说它是坏事，是因为人过于爱面子，就会变得缩手缩脚、爱慕虚荣。然而，生活中的许多事情都需要我们放下面子，突破束缚自我的壳，轻装前行。

兰斯·阿姆斯特朗是美国自行车运动历史上最优秀的运动员，同时他也是被检查尿样频率最高一名车手。

这样频繁的检查对一名运动员来说，是极不公平的，但是，真金是不怕烈火的，兰斯·阿姆斯特朗在每次检查之后，所显示的数据表明了他的清白：在阿姆斯特朗的尿样中，只含有十亿分之零点二的合成类固醇。而根据国际自行车联合会公布的药检规定，只有当车手的尿样中含有十亿分之十以上合成类固醇的时候，才能断定该车手服用了违禁药物。

遭遇频繁的检查并没有让兰斯·阿姆斯特朗意志消沉，最让他感到害怕的是好朋友的突然死亡。阿姆斯特朗与队友卡萨特里朝夕相处，情同手足，然而，队友卡萨特里却在一次偶然的事故中死去。

那是在 1995 年 7 月 18 日，队友卡萨特里在完成比利牛斯山一个非常艰苦的爬坡之后，在下坡时，与其他选手相撞，脸部和头部严重受伤，后来当人们将气若游丝的卡萨特里送到医院之后，卡萨特里不治身亡。

好朋友的死讯传来，这一重大的事故让兰斯·阿姆斯特朗对生死有了重新的认识，他喃喃自语地说："在自行车比赛中，任何一次失败和失望都无法与此相比。就在他离开我的前一天晚上，我们还一起吃晚饭。"

在好朋友死后的第二年，不幸再次降临到年仅24岁的阿姆斯特朗身上。他发现身体不适，来到医院检查之后发现，原来自己患上了睾丸癌，并且已经扩散到了脑部和肺部。当时，医生告诉他，他的病情比较严重，生存的希望不到30%。

兰斯·阿姆斯特朗作为一名优秀运动员，他在自行车比赛当中享有盛名，是很多自行车运动爱好者的偶像，当他发现自己已经患上了癌症并且有可能不久于人世的时候，他并没有被巨大的死亡阴影所压垮，他反而更加坚定，他坚定地相信自己有能力战胜病魔。

他为了活下去，他再也顾不上自己的面子和形象，非常快地接受了医生的建议，进行开颅手术。因为他知道，进行开颅手术虽然会留下伤疤，但毕竟还有30%活下去的可能，如果为了保持自己的形象拒绝手术，那么，等待他的只有死亡。

经过切除、化疗等一系列治疗后，阿姆斯特朗的身体非常虚弱，但是他不甘心从此永远地告别他心爱的自行车运动。作为一名职业自行车运动员，他非常清楚，自己所有的面子、尊严和荣誉全部都是来自于比赛，来自他挑战生命极限之后创造的奇迹。如果自己从此黯然告别运动生涯，那么从此之后，他的生命将会永远失去光彩。

为了让自己冲出死亡的陷阱，他开始了艰苦的训练。后来，阿姆斯特朗果然创造了生命的奇迹，他终于重新回到了他热爱的自行车运动赛道上。后来，当他回首那段生不如死的痛苦经历时，阿姆斯特朗并没有抱怨命运的不公。他只是淡淡地说："我的生存已经是个奇迹，活着不仅是为了胜利。"

在后来，阿姆斯特朗在他的自传里说："患上癌症，可能是我生命遇到的最好的事情。因为经历了痛苦，就能使你变得更加坚强，而自行车运动需要坚强。"正是他超人的坚强，使他已经成为大众眼里的"传奇英雄"。

在我们周围，有很多人被“面子”问题困扰着，让自己陷入“面子怪圈”，影响自己的工作和生活。只有放下所谓的“面子”，你才能得到你真正想要的成功和财富。因此，不要觉得丢了面子是如何痛苦和难堪，面子有时候就是一个沉重的包袱，背着它只会让你越走越累，最后压得你喘不过气来。

12. 增强应变力，前途无极限

因为世事无常，我们始终处于不断地变化当中，只有培养我们的应变能力，才能跟得上时代的潮流，才能在变化中应对自如。

这是一个日新月异的时代，这个世界每一天都在发生变化。因此，有人说，这个世界上唯一不变的就是永远都在变，或许你今天还是春风得意的成功者，也许明天就会发生不测，所以，佛陀用“无常”两个字来概括人生。但是有很多人一听到“无常”这个词就会谈虎色变，其实，大可不必这样畏惧“无常”，“无常”是变化的另外一种说法。因为有了“无常”，我们的命运才有可能发生改变；因为有了“无常”，我们的社会才会不断地进步。如果没有这些变化，我们人类还将停留在钻木取火的蒙昧时代。

因为世事无常，我们始终处于不断地变化当中，所以只有培养我们的应变能力，才能跟得上时代的潮流，才能在变化中应对自如。在这个不断变化的时代，不但客观的事实在变，人们对世界的认识也在变化，同一个人在不同的环境、不同的时间里，对待事情认识的角度也不尽相同。所以，我们要正视这个不断变化的过程，不断突破自身的认识障碍。

美国密执安大学生物学教授卡尔·韦克曾做过这样一个有趣的实验：将6只蜜蜂和6只苍蝇装进一个玻璃瓶中，将瓶子平放，让瓶底朝着窗户。

实验的结果出人意料。蜜蜂最后都死在了瓶子里，苍蝇却全部逃生了。之所以会出现这样的情况，是因为那些蜜蜂总是一成不变地认为，光线最明亮的地方一定就是出口。于是，它们一次又一次向瓶底飞去，撞回来重新再飞。就在这不断的反复中，蜜蜂终因力竭而死。苍蝇则完全不对亮光抱任何希望，它们在瓶子里四处乱飞，最终全部逃离了空瓶。

最后，韦克总结到："不懂得随机应变的人很难获得成功。那些在困难面前不断改变、不断调整自己的人，最终能够战胜困难、获得成功。"

苍蝇和蜜蜂的实验，实际上表明了两种不同的思维模式。有些人思维僵化，总是抱着一成不变的眼光去看待问题，他们即使失败了也不悔改，会继续抱着这种眼光一直做下去，结果肯定难逃失败。如果脑筋活一点儿，能够不断改变自己的做事方式，就能够适应变化，并在变化中获得新生。

可见，在成功面前，变化是前提，只有不断变化，才能更加适应这个社会。灵活多变也是创新的基本要求，在思考和解决问题时，思维灵活、不断提升自己的应变能力，才能更好地应对这个瞬息万变的社会。

有心理学研究表明，能觉察到环境的变化并能顺势做出改变的人，比那些执于一隅的人更容易获得成功。

刘成霖是一位计算机专业的硕士研究生，在本科期间他就取得了微软认证的软件工程师认证。毕业后，刘成霖写了一份漂亮的简历，再加上自己获得了国家认可的软件工程师证书，很快，当地最大的一家软件公司便打电话约他去面试，约定的时间是星期五上午10点，地点是嘉成大厦27层。

周五那天，刘成霖准时来到了嘉成大厦。来到一楼，发现门口站着许多前来应聘的人。刘成霖走上前去一问才知道，原来公司有一条要求，凡是前来应聘的人，都不能坐电梯，必须爬楼梯上去。

很多人一听说不让坐电梯，就很生气，说如果爬上去却没有被录用怎么办？岂不被人当猴子给耍了？于是，很多人愤愤地离开了。

刘成霖想："这是本地最大一家软件公司，他们不可能拿招聘开玩笑。

所以，不管怎么样，我还是爬上去再说。”想到这儿，刘成霖灵机一动，装作若无其事地走到保安面前，轻松地说：“我是你们经理的朋友，他约我过来谈点事。”

保安见他仪表不俗，就信以为真，客气地请刘成霖进了电梯。刘成霖走进电梯之后，赶紧按了27层，可是，电梯却不能运行。

刘成霖见电梯不能指望，就直奔楼梯而去。旁边还有几位应聘者也跟过来，他们问：“你真的打算爬27层啊？如果人家不用你，你可白忙活了。”

刘成霖笑着说：“既来之，则安之，他如果不录用我，就当锻炼身体了。”刘成霖一口气跑到27层，当他气喘吁吁地走进面试的房间时，发现几位面试官都坐在那里，似乎从早晨到现在，还没有一个人真的爬楼梯上来过。

刘成霖上前主动介绍自己，还没等他介绍完，那位面试官就打断了他的话：“你的简历我们已经看过了，小伙子，既然你已经来到这间办公室，就说明你已经通过了我们的考核，你被正式录取了，下周一来公司办理入职手续吧！”

刘成霖靠着自己灵活的头脑，随机应变的处理，获得了这份人人羡慕的工作。

这个世界每时每刻都在发生着变化，如果你不能适应变化的步伐，你就可能会在日新月异的变化中迷失自己，失去发展的机会。一个人如果想要改变自己的命运，就要学会适应这个变幻莫测的世界。

想要获得成功，就得学会在不断地变化之中不断地调整自己，让自己的潜能得到最大限度的发挥。要知道，凡是在这个社会中脱颖而出的人，总是经历过太多的挫折与磨难，经历过太多的变化，并在不断地变化中不断地改变着自己。

俄国著名物理学家列别捷夫说：“平静的湖面很难出现技艺高超的水手，一成不变的环境很难造就出优秀的人才。”可见，真正的人才都是经过变化的考验，并能够适应各种变化的人。

第五章
工作中永远不能说的十句话

有些话，放到生活中并不算什么，但是，放到工作中则容易让人产生误会。因此，优秀的员工在工作中，要时刻注意自己的言行，不该做的事绝对不要做，不该说的话永远不要说。

1. 不要说“这事绝对办不到”

在实际工作当中，有些人，当他们面对工作中棘手的问题时，经常会得出这样的结论：“我办不到……”喜欢说这句话的人，是没有前途的，而且，这种想法会严重地限制他的潜能。“我办不到”这几个字，就像一个无形的紧箍咒，将一个人的思想紧紧地局限在一个狭小的范围内。

冲破人生的关隘，就是要克服自身的惰性，就是要克服自己思维的误区。一个在职场中从来不说“办不到”的人，一定是公司的脊梁，他会在困难面前竭尽全力、想尽一切方法，将老板交代的任务完成。

然而，也有人并不愿意将“我办不到”这几个字赤裸裸地说出来，而是经过一番精心的修饰，比如说“现在条件还不成熟”、“现在的预算远远达不到”、“现在的市场环境很差，所以，只能……”在这一系列的潜台词的后面，藏着的都是同一张面孔，那就是“我做不到”，觉得老板给布置的任务根本实现不了。

在实际工作中，许多困难都是由于自己的心理限制造成的，如果你像蜜蜂一样勤劳，你就能够酿更多的蜜。同时，也会尝到成功的快乐。

如果事事以“办不到”为借口，不敢尝试，不想付出，那你永远只能躲在失败的阴影里，很难感受到成功的喜悦。

对于大多数胆小、怯懦的人来说，他们时常挂在嘴边的一句话就是“我看这件事绝对办不到”。他口口声声“办不到”，实际上并不是真的办不到，只是为自己找一个合理的借口去逃避而已。

而那些优秀的员工，总是通过自己的努力，将看似不可能做到的事变成现实。因为他们知道，在职场中，只有自己才能救自己，让“办不到”脱口而出，是一种懦弱的行为。只有在工作中从来不说“办不到”的员工，才会显出与众不同的工作精神，用挑战的精神对待自己，用无畏的勇气迎接困难，那么，他就一定会从众多的员工当中脱颖而出，成为职场的精英。

赵燕在一家大型房地产公司做设计师，因为要常常跑工地、看现场，还要经常修改设计方案，所以工作非常辛苦。虽然她是设计部唯一的女性，但她工作起来比男同事还要努力，用她自己的话说就是：“在我的字典里，没有‘办不到’这三个字。别人能做到的事情，我一样能够做到。”

有一次，老板安排她为一位客户做设计方案，并规定她必须要在三天内完成。接到任务后的那个晚上，赵燕一夜没睡，一直在思考如何才能将设计方案做到最好。在她为对方设计方案的三天里，她天天在查资料、虚心别人请教。三天后，赵燕的眼里布满了血丝，当她把设计方案交给老板时，从老板赞赏的眼神里，赵燕感到了由衷的自豪。

后来，老板告诉她：“设计时间只有三天，公司里所有的设计师都不敢接这个项目，我只好把这个难啃的骨头交给了你，你果然没有辜负我对你的期望，做得非常漂亮。”

由于赵燕的努力，她得到了公司上下的一致赞誉，老板将她的工资增加了三倍。

优秀的员工在面对困难的时候，首先想到的是如何想办法克服困难，而不是以“办不到”为借口替自己开脱，故事中的赵燕通过自己的努力，得到了老板的赏识，在职场上一帆风顺。这其中最根本的原因就是她永远不说“办不到”，永远不会推脱自己的责任。

很多人一遇到困难就退缩，“办不到”是最常用的搪塞之词，它体现出一个人的自卑感和怯懦性，这种缺乏自信的人，永远不可能出色地完成任务。

2. 不要说“我不行”

世界上许多困难的事情，都是由那些自信心十足的人完成的。一个人如果缺乏自信，往往会在一些机会面前退缩，“我不行”的潜意识，最终会使自己彻底地失去对机会的把握。一个人如果连自己都不相信，那又有谁会相信你呢？

在我们周围，总有这样一些人，一旦让他们去完成某项工作时，他们会在第一时间告诉你三个字：“我不行！”

实际上，世界上根本没有什么事情是不可能成功的，在那些优秀员工的字典里，从来没有“我不行”。

阿尔法是一个穷人，住的房子很小，也没有钱买他想要的家具，他对自己的生活现状非常不满，希望改变自己的处境。

有一次，阿尔法听说在底特律有一个经营农具的商店要用人，他决定去试一试。那时，他家住在克利夫兰，坐了很长时间的车，到达底特律的时候，是星期天的早晨，但是，那家公司告诉他，周日不接待应聘人员面谈，要面试还得等到星期一。

阿尔法只能找一个价格低廉的小旅馆住了下来，晚饭后，他坐在旅馆里静思默想，突然，他觉得自己是那么可憎，他一次又一次地问自己：“失败为什么总是缠着我？”他想要在这旅馆里，好好地整理一下自己的思路。阿尔法也不知道是什么力量促使他做了这样一件事：他取了一张旅馆的信笺，写下几个他非常熟悉的、在近几年内远远超过他的人的名字。

他一共写了五个人的名字，这五个人，原来的生活处境跟他差不多，但是，后来他们不同程度地取得了一定的职位和财富。

他开始分析自己与他们之间的差距，其中两个原是邻近的农场主，现已搬到更好的地方去了；其他两位曾经是阿尔法的雇主；而最后一位，则是他的妹夫。他把自己的智力与他们作了一个比较，阿尔法问自己：这五位朋友拥有的优势是什么呢？

阿尔法觉得，他们并不比自己聪明；而他们所受的教育、家庭背景，也并没有任何优势。最后，阿尔法终于找到了这五个人一个共同的特点，那就是自信。阿尔法不得不承认，在这方面，这五个朋友都胜他一筹。他第一次发现了自己的弱点，他发现缺少自信的原因，是因为他在内心深处，并不看重自己，甚至有些自卑。

当时已快深夜三点钟了，但阿尔法的脑子却还十分清醒，他坐在旅馆里，回忆着过去的往事，从他记事开始，就缺乏自信心，他发现过去的自己总是在自寻烦恼，总对自己说“不行，不行，不行”！他总在强调自己的短处，他所做的一切，都表现出这种自我贬值的倾向。终于，阿尔法明白了一个道理：如果自己都不能信任自己，那么将没有人会信任你！

于是，阿尔法做出了一个大胆的决定：“我一直都是把自己当成二等公民，从今以后，我再也不能这么想了。”

第二天上午，阿尔法面带自信的微笑，走进了那家公司，去见总经理，他将这次与公司的面谈当成了对自己的一次考试，也是对自己自信心的一次考验。

在这次面谈以前，阿尔法从家里出发的时候，他对这次求职的工薪期待只有750美元，但是，他现在，把自己的目标设定位在3500美元。结果，阿尔法的目标实现了，这家公司同意以3500元美金的薪酬聘请他，自信的阿尔法终于第一次尝到了成功的滋味。

人的语言是具有能量的，每一句话只要从嘴巴里说出来，都带有一定的力量，如果忽略了语言的力量，就会在不知不觉中，影响到我们在工作中所做的事，同时，也就会让我们与成功无缘。

有时一个人的才华与能力不被别人看重或认可，原因往往并不在于别人，而在于自己。有的人，正是在不知不觉的“我不行”中“埋没”了自己，自己“从没办过”的事，不一定干不了，在没有经过实践检验前，不应该轻易断言“我不行”。

所以，要想取得成功，就要塑造一个全新的自我，当你的上司或领导交办高难任务时，应该实事求是地深思一番，只要有可能，就要自信地说：“好的，交给我吧！我能行！”

一个渴望改变自己处境的人，必须克服自己的胆怯心理，只有这样才可能走入成功的圣殿。

3. 不要说“我受够了”

如果你目前在职场中暂时陷入被动的境地，千万不能因一时冲动，让自己全盘皆输。对于环境，要有自己的正确判断，在暂时不利的条件下，收敛锋芒，等待时机，也许是最好的选择。一个新人首先要懂得，暂时的忍耐不是退缩，而是在忍耐中等待峰回路转的机会。

大凡在职场中经过一番拼杀的人，都有一个优点——那就是忍耐力强。因此，一个新人在职场中行走，千万不要让“我受够了”这句话轻易出口。

也许有人会说：忍得了就忍，忍不了就走，反正，跳槽也是职场中的常见现象。其实，这样的想法是一种消极的态度，轻易地放弃、跳槽，会让你在任何一家公司里，永远都是新手。

俗话说：“小不忍则乱大谋。”一个聪明的职场人，要知道“忍一时风平浪静，退一步海阔天空”的道理，生气、愤怒、拍案而起，这都是在用别人的错误来惩罚自己。如果自己在职场中暂时陷入被动的境地，千万不能因一时冲动，让自己全盘皆输，对于环境，要有自己的正确判断，在暂时不利的条件下，收敛锋芒，等待时机，也许是最好的选择。一个职场新人，首先要懂得，暂时的忍耐不是退缩，而是在忍耐中等待能够为自己赢得峰回路转的机会。

有一家公司的部门经理脾气非常暴躁，经常对自己的两个下属大呼小叫，轻则指责，重则谩骂，于是这两人都萌生了去意。

在某次激烈冲突后，一人愤而辞职，给上司丢下一大堆没干完的活儿。另一人则按兵不动，一边积极协助上司处理手头的烂摊子，一边暗暗寻找下家。

过了一段时间，那个愤而辞职的人找到了一家新公司，按兵不动的人也悄悄地联系到了合适的下家。

可是，这两家新公司都有一个规定，就是让人事部门对刚刚应聘的新人做一项考核，到原来的公司调查这个员工过去的工作表现。

老板本来就对那个扔下乱摊子跑掉的人憋了一肚子火，见到前来调查的人力资源专员，自然没什么好话，于是，这个抛开工作跑掉的人，新工作自然泡了汤。

而那个留下来帮助老板收拾残局的人，找了一个老板心情不错的时机，婉转地向老板提出了辞职的请求，老板当然要挽留，可是，见他去意已决，也只好同意，两人友好地握手告别，老板为了感谢他帮助自己收拾烂摊子，临别时，还送给他一个丰厚的红包。

朋友在工作中受了委屈，我们通常都会劝他们想开些，再忍耐几天，一切都会过去的。可是，当我们自己在工作中受了委屈时，往往会五脏冒火、七窍生烟，当初劝解别人的那些话统统烟消云散。

所以说，在职场中，能做到真正忍耐的人，确实不容易，你经常会面对这样的选择：

如果你在一家效益平平的企业的最底层，你要忍耐多久才能出人头地？

如果你一起进公司的人都陆续升职了，只有你还在原地踏步，你能忍耐多久？

如果你在一家人际关系极为复杂的单位里工作，每一天都过得心惊胆战，如履薄冰，你又能忍耐得了多久？

一个真正的聪明人，应该学会判断眼前的局势，学会在一个暂时不利于自己的环境里，在忍耐中寻找转机，在忍耐的过程寻找新的机遇。

1978年5月，韦文军出生在广西一个果农的家庭，16岁那年，他考上了南宁美术中专。1997年，刚刚毕业的韦文军就离开老家，只身一人来到深圳打拼。

由于自己的学历不高，再加上没有工作经验，韦文军初到深圳的日子举步维艰。后来，他去一家装修设计公司应聘，被老板直接赶了出去。

韦文军的生活一度陷入困境，甚至连吃饭的钱都没有。接下来，韦文军又去找那家装修公司的老板，软磨硬泡地希望对方给自己一个工作机会。这位老板对他说："你要想留下来也可以，但我们这里要求设计人员会操作电脑，你会吗？"

韦文军摇摇头。

老板又说："我看这样，等你学会了电脑，再来应聘吧。不然，即使我给了你工作，你也做不了。"

受到这样的打击，一般人肯定会换一家公司继续找工作，但韦文军却认准了这家公司，他对老板说："您看这样行吗，我在公司打打杂工，做些体力活儿，不要一分钱工钱，唯一的要求就是能够免费学习电脑。"

老板拗不过他，便对韦文军说："那你得答应我一个条件，每天除了打扫公司的室内卫生外，还得将卫生间的马桶冲洗干净。"

韦文军毫不犹豫地答应了。

他留下来之后，每天天不亮就起床，把800多平米的办公室打扫得一尘不染，然后，又把厕所的马桶也刷洗得干干净净。

完成这些工作后，韦文军就站在电脑前看着别人操作，并默默地记下了操作步骤。

大家下班后，韦文军将众人白天留下的垃圾清理干净，匆匆吃上两口饭，又回到公司学习电脑，每天他都练到半夜，电脑操作水平也快速提高，后来，他的操作水平比那些专业人员更好。

这一切，老板都看在眼里。韦文军的努力得到了老板的认可，他任命韦文军为公司的正式设计师。时间一长，老板发现韦文军的3D效果图画得非常好，中标率是全公司最高的。于是，老板便提拔韦文军做了公司的设计主管，并将一些大项目交给他操作。

1999年，公司接到了一个别墅的规划项目，全部设计费加起来有200多万人民币。这个项目全部由韦文军一手设计。他加班加点地工作，不到两个月设计出了37张图，客户看后非常满意。老板自然也非常高兴，他提拔韦文军做了公司的设计总监。

两年后，韦文军开始自己创业，成立了自己的设计公司。

韦文军之所以取得后来的成就，主要是因为他意志坚定、善于保存实力，能够见缝插针地学习。在通往成功的道路上，那些真正能走向成功的人都不止一次地突破自己生命中的困境，用自己的意志与信念追赶上了成功的脚步。

4. 不要说“等明天再做吧”

在现代职场，许多人都习惯于把事情拖到明天再去做。可是，“明日复明日，明日何其多”！明天之后还有明天的明天，如果所有的事情都拖到明天再去做，那么，事情就永远没有做完的时候。

在职场中，工作意味着责任，一拖再拖的习惯会使我们忽视了自己的责任，让我们在工作中缺少动力，不能全力以赴，久而久之，就会产生一种消极、懒散的情绪，最后使理想和计划落空。

养成把经手的问题立即解决的习惯，可以让你轻松应对手头的事情，不会因为积攒下来的一大堆事而焦头烂额，做事的效率自然就会提高。

著名的心理治疗家田明博士，曾经讲了一个这样的治疗案例：

来求诊的是一家大公司的高级主管。他刚刚到诊所的时候，显得精神紧张，而且十分忧虑。他觉得自己快要精神崩溃了，可是，他没有办法辞掉他的工作。

田明博士说："当他正要向我诉说病情时，我的电话响了，是医院给我打来的。我没有过多考虑，当场就做了决定。因为我有一个习惯，总是尽可能地把问题当场解决。我刚挂上电话，电话铃声又响起来了，这一次是比较急的事情，我花了一些时间用来讨论。第三次，来电话打扰我的是一个同事，我很快就结束了与他的谈话。这时候，已经过去了十几分钟，我很愧疚地向我的病人道歉，这时，我发现病人脸上的表情变了，他变得非常开心。"

田明博士向病人道歉说："对不起，我耽误了您的时间。"

可是那个病人却说："您不必向我道歉，在刚才您打电话的时候，我看了您处理工作的态度，我已经发现了我的问题所在。不过，我还有个请求，我能看看您的书桌抽屉吗？"

田明打开书桌的抽屉，抽屉里空空荡荡的，只放了一些常用的文具。

那个患者说："请告诉我，您没有处理完的病例和档案都放在哪里呢？"

田明回答说："那些东西我都处理完了，交给护士存放在医院的档案室里。"

患者有些疑惑地问:"您有没有需要回复的信?"

田明告诉他:"我的习惯是,不需要回复的信件就立刻处理掉,如果是需要回复的,我就马上口述复信,让我的秘书打字。"

一个月后,那位高级主管又来到田明的诊所,他高兴地对田明说:"以前,我总是被拖延下来的工作压垮,事情总是做不完。自从上次见了您之后,我改变了原来的习惯,事情从不过夜,现在,再也没有堆积如山的公文包围我了,紧张和烦恼的情绪也不见了。"

这个案例中的患者,在职场中非常多见,遇到不紧急的事总是喜欢拖一拖,结果越拖积累的问题越多,当你需要同时处理一大堆事的时候,往往就会被紧张和烦恼的情绪压垮。

如果你能够坚持将今天的工作在今天完成,无论遇到什么样的困难,都不要把它拖延到明天,那么,总有一天,你能成就一番事业。

5. 不要说"我已经尽力了"

在中国历史上,"破釜沉舟"的故事非常著名,不给自己留任何余地的人,即使失败了,也不会有任何遗憾。因此,在职场上,不要"尽力而为",而是要用"破釜沉舟"的勇气去做事,全力以赴地争取最大的成功。

很多人在工作中一旦犯了错,总会一脸无辜地说:"这可不能怪我,我已经尽力了。"

其实,对于一名优秀的员工来说,"尽力"并不等于"尽全力","尽力而为"并不等于"全力以赴"。

有一年冬天，汉斯带着自己的猎狗去打猎，前面跑出一只野兔，他举枪打中了兔子的后腿。野兔受惊，拼尽全力逃生。

汉斯的猎狗见兔子要跑，迅速地追了过去。野兔在前边跑，猎狗在后边追。可是，追了好一阵子，猎狗感觉太累了，耷拉着脑袋回到主人身边。

汉斯生气地踢了猎狗一脚，然后对它说："你太没用了，连一只受了伤的野兔都追不上。"猎狗听了主人的斥责，非常委屈地哼了两声。

野兔带伤跑回窝里，将自己刚才的历险经过讲给其他的兔子听，众多兔子都非常吃惊地问："那只狗在尽力追你了，你是怎么逃生的啊？"

野兔说："狗只是在尽力而为，而我却是全力以赴地逃命啊！它追不上我，最多挨主人一顿打，我如果不尽全力甩掉它，我失去的可是生命呀！"

这个故事告诉了我们两个概念：尽力和全力以赴，这两个概念之间存在着巨大的差距。健康的猎狗没有追上受伤的兔子，是因为猎狗只是尽力追赶，而兔子虽然受伤，但为了逃命，却全力以赴地奔跑，竟然跑出了超出能力的速度。

很多人的工作态度就像那只"猎狗"，虽然也在努力奔跑，但最终功亏一篑。在这个竞争激烈的年代，要想成功，你必须要竭尽全力。

每个人都有极大的潜能，心理学家指出，一般人的潜能只开发了2%～8%左右，像爱因斯坦那样伟大的科学家，也只是开发了12%左右。一个人如果开发了50%的潜能，就可以背诵400本教科书，可以学完十几所大学的课程，还可以掌握20种不同国家的语言。这就是说，我们还有90%的潜能处于沉睡状态。所以说，一个全力以赴的人，不会为任何失败的可能性寻找开脱的借口，不会为所要达到的目标留任何退路，因为没有退路，才会绝处逢生，创造按常理难以想象的突破。

微软总裁比尔·盖茨在11岁时，牧师和他打赌：如果他背出《圣经·马太福音》中第五章到第七章的全部内容，就可以去西雅图的太空针高塔餐厅参加免费聚餐会。

牧师很清楚,《圣经·马太福音》中第五章到第七章的全部内容有几万字,而且不押韵,在成年的信徒中,都很少有人能背诵这些篇幅,何况是一个孩子。因此,牧师并不相信盖茨能背下来。

几天后,比尔·盖茨在牧师的面前,按要求从头到尾把圣经中的篇章背了下来,竟然一字不漏,没有一点差错。

牧师在赞不绝口的同时,好奇地问:"你为什么能背下这么长的文字呢?"盖茨不假思索地回答道:"我竭尽全力。"

做事情喜欢竭尽全力的比尔·盖茨,在16年后创立了微软王国。

尽力而为地完成自己工作的人,最多只能算是一个称职的员工,要想创造奇迹,就必须竭尽全力才行。任何一个企业都需要全力以赴的员工,任何一名全力以赴的员工,都会备受企业的欢迎。

当你最终品尝到成功的喜悦时,会让你觉得,为此付出的一切都是非常值得的。

6.不要说"我做得够好了"

一个总以为自己做得足够好的员工,虽然可以保住现在的饭碗,但是,他们不敢挑战自我、没有勇气接受新任务,只会做自己力所能及的事情,到头来,人生就像一潭死水那样容易变质,要知道,缺乏激情碰撞的人生是不圆满的,那些"当一天和尚撞一天钟"的员工,永远也领略不到人生峰顶的风景。

员工在公司里工作的时间久了,自然会滋生出一些懒惰的习惯,有一些事情，并不是我们做不到，而是自己根本没想做。

自我设限不仅是自己对自己的否定，同时也是一种严重的心理误区。

一个人追求的高度决定了他人生的高度，如果他为自己设定了种种限制的话，那么他将永远无法超越自己认定的高度。

德隆是一家外贸公司营销部的经理，有一次，他带着队伍去参加某国际产品展示会。在开展之前，需要做整理资料、组装产品、布展等一系列事情。由于时间紧张，需要加班加点才能将这些事情做完。可是，同行的这些人还像以往一样，每天都正点下班，从来不愿意多干一分钟。

德隆要求他们加一下班，把事情弄完再走。这些人理直气壮地说："又没有加班费，那么拼命干什么啊！"

还有人讽刺地说："你也是打工的，只不过在公司的职位比我们高一点而已，干吗那么卖命啊？再说，我们已经做得够多了。"

在展会开幕的前一天，老板亲自来这里检查情况，到达现场时已经是晚上十点多了，让老板惊讶的是，德隆和一名叫艾文斯的安装工人正在工作，其他人连个影子都没见着。

见老板来了，德隆对他说："对不起，我失职了，我没能让所有人都来加班。"老板拍拍他的肩膀，没有责怪他，指着艾文斯说："是你让他留下来工作的吗？"

德隆告诉老板，是艾文斯自己主动留下来加班的，他要帮自己把事情做完。老板听了没说一句话，回头召集随行人员一起加班工作。

展会结束后，老板回到公司就开除了那天晚上所有没有参加劳动的人员，同时，将德隆和艾文斯提拔为安装分厂的正副厂长。

这些被开除的人不服地问老板说："我们已经干了一整天，不就是晚上没有加班吗？凭什么开除我们？"

老板对他们说："你们不会不知道，展会第二天要开幕，在这样紧张的时刻，你们不但不帮忙，还有心情去睡觉，更让人难以接受的是，你们这样做了，居然还振振有词！德隆和艾文斯并不知道我会去现场，而他们却在那里默默地坚持工作，我这样做是对他们默默工作给予的回报！”

从这个故事中，我们可以看出，工作中多一分付出，就会多一些回报。很多人之所以一辈子一无所成，最大的原因就是对自己要求不高，得过且过，总是对自己说“我做得已经够多了”。

怀着这种心态的人，读书的时候不认真，工作的时候消极怠惰，失去了热情，对贫穷的日子习以为常，麻木地听从现实生活的摆布。

而真正的强者，绝不会被自己取得的暂时的成就冲昏头脑，而是永远向着更高的目标不断地前进，不满足于“够好的了”的员工，更容易在职业生涯中获得成功。

张涛和王雷同时进入一家电子产品的公司。张涛是一所电子工业大学的毕业生，学历是本科；王雷学的是贸易专业，学历是专科。两年后，王雷升为销售部的主管经理，张涛却仍然是一名普通员工。

在元旦的宴席上，一位老员工小声地问身边的总经理：“张涛是本科毕业，所学专业又与工作吻合，你为什么提拔了王雷而不提拔他？”

总经理微微一笑：“虽然王雷的学历没有张涛高，但他身上有一种强烈的成功欲望。无论交给他什么任务，他总能尽力完成得十全十美，工作两年来，王雷为了走访客户，走坏了五双鞋子。张涛虽然专业对口，可是，他销售的时候从来都是坐在办公室里打电话，这两年来，张涛的业务量不及王雷的三分之一，你去看一下他们两个人的业绩报表，就知道我为什么会提拔王雷而不是张涛了。”

一个总以为自己做得足够好的员工，虽然可以保住现在的饭碗，但是，他们不敢挑战自我、没有勇气接受新任务，只会做自己力所能及的事情，到头来，人生就像一潭死水那样容易变质，要知道，缺乏激情碰撞的人生是不圆满的，那些“当一天和尚撞一天钟”的员工，永远也领略不到人生峰顶的风景。

7.不要说"我没有机会"

每个人都应该懂得，好机会永远掌握在自己的手里，如果你认为个人发展的机会掌握在别人手中，那么，你就会陷入非常消极的情绪当中不能自拔。作为一个有志向的员工，不应该受制于命运的控制，而是要突破命运的枷锁，活出你自己的样子来！

世界上有许多出身卑微的人，比如林肯、李嘉诚，他们没有强大的家族背景，也没有从天而降的遗产，但是，他们的生命却绽放出夺目的光辉，成就了人类历史上伟大的奇迹。

如果你想做成一件事情，总是等待从天而降的机会，这是极其危险的，因为，在等待当中，一切的希望都可能付诸东流。

因此，在职场上，千万不要说"我没有机会"，机会不是等来的，而是靠自己创造出来的。但是，在自己准备为成功创造条件之前，一定要为自己设定一个清晰的目标。

许多年前，哈佛大学为了研究目标对人生的影响，特意对一群毕业生进行调查。

当他们将要离开校园时，都对人生目标这个问题进行了回答，结果发现，27%的人没有目标，60%的人目标模糊，10%的人有清晰但比较短期的目标，只有3%的人有清晰而长远的目标。

25年后，哈佛大学再次找到这群学生，并且调查了他们的生活，那27%没有目标的人，在工作和生活上都十分失败，他们没有做出过任何成绩，一事无成，现在还生活在社会的底层。

那60%目标模糊的人，也没有太大的成就，总是在埋怨现实中没有机会让他们施展才华。

那10%有清晰目标但比较短期目标的人，他们都跻身于社会的上层，生活过得很好，但由于他们没有在某方面做更多的努力，取得的成就也极其有限。

那3%有清晰而长远目标的人，他们在工作中即使遇到许多别人难以想象的困难，都以极大的毅力克服了，到后来，这些人的生活非常美满，工作上也取得了很大的成就，成了社会上的精英。

哈佛大学这个实验得出的结论是，不仅仅是目标决定命运，而且只有长远、清晰的目标才能使你获得更大的成功。

美国财务顾问协会前总裁刘易斯·沃克在接受记者采访的时候说，一个人不成功的主要因素，是目标模糊不清。

沃克解释说："当我问你，'你的目标是什么'的时候，如果你说，你想有一天拥有一栋房子，那么这就是一个模糊不清的目标。问题在于'有一天'，这是一个模糊不清的日期，不够明确。因为目标不够明确，所以成功的机会也就不大。如果你真的希望买一栋房子，你就需要先确定它的位置，计算出它现在的价值，通过考虑通货膨胀等因素，计算出几年后这栋房子的价值，然后为了这个目标，你需要计算你每月需要存多少钱，才能最终获得这栋房子。如果你这样做了，那么几年之后，你就可能获得你理想中的房子。否则，那只能算是你的说笑而已，说白了就是空谈。"

对于机遇，它意味着需要你忍受无法忍受的艰难困苦，以及你献身工作的漫漫长夜。为获得成功，你必须明白，只有在你寻找机会时，只有你为所从事的工作有充分的准备时，机会才会降临到你的头上。

许多人相信掷硬币测运气，而且认为事业的成功也大都这样。但好运气更偏爱那些努力工作的人，如果没有充分的准备，好的机会就会眼睁睁地从身边溜走。

拿破仑·希尔说，任何人只要能够定下一个明确的目标，坚守这个目标，时时刻刻把这个目标记在心中，那么，必然会获得意想不到的结果。只有那些终生都在为自己的终极目标努力不止的人，才是生活中真正的强者。

8. 不要说“这不关我的事”

那些仅仅把工作当成挣钱工具的人，不会有太强的责任心，消极的心态总是让他们说出“这不关我的事”、“这不是我的错”之类的话，他们喜欢推卸责任，甚至为自己找替罪羊。当你在一个公司里工作时，无论在哪个位置，你都不要轻视你的使命，把“不关我的事”的思想扔掉，这样才能成为一个出色的员工。

很多员工都有过这样的经历：当自己的工作与别人的工作出现交叉时，自己只会按部就班地做好领导交代的工作，对于延伸出来的那部分工作，就认为那是别人分内的事，跟自己无关，没有必要花额外的力气去做这些事情。因此，很多问题即使是摆在眼前，也权当没有看见。这样的工作态度或许能让你把自己的本职工作做好，但是，却永远只能做一个平庸的员工。

那些以诚实敬业的心态对待工作的人，总是能够尽职尽责，即便是职责范围以外的事情，只要对公司有利，他们也会积极参与，主动认真地去解决好。

反之，那些仅仅把工作当成挣钱工具的人，不会有太强的责任心，消极的心态总是让他们说出“这不关我的事”、“这不是我的错”之类的话，他们喜欢推卸责任，甚至为自己找替罪羊。当你在一个公司工作时，无论在哪个位置上工作，你都不要轻视你的使命，把“不关我的事”的思想扔掉，这样才能成为一个出色的员工。

那些总是把工作推来推去的员工，大多是职场的被动者，在他们把一些工作推出去的同时，也把获得成绩的机会推了出去，这样的员工，即使工作一辈子也不会取得什么出色的业绩。因为他们不懂得责任的重要、使命的神圣，而一个人的能力也是通过对工作的高度责任得以实现的。

社会在发展，公司在扩展，个人的职责范围也会跟着扩大，所以不要总以“这不关我的事”为由来推脱责任，要知道，抱着“不关我的事”这样想法的员工，永远不会提高自己的工作效率，他们只会给公司带来时间、金钱等方面的浪费，甚至会让公司因为他们的懒惰而蒙受损失。

李翊博是一家IT公司的销售部经理，一天，他到一家公司联系一款最新的打印机的销售事宜，因为这是一款定位为大众的新品，并且厂家即将开展大规模的广告宣传，为争取更大的市场份额，对经销商的让利幅度也非常大。

李翊博决定在媒体大量宣传之前，与一些信誉较好的经销商敲定首批订货量。可是非常不巧的是，同他一直保持密切业务关系的那家公司的老板不在，当他提起即将推出的新品时，一位负责接待他的员工冷冷地说：“等老板回来再说吧！”

李翊博就把厂家准备如何推广这款新设备的宣传，以及需要经销商如何配合，进行渠道开拓的设想向这位接待人员详细地讲解，试图得到他的理解和回应。

但是，令他失望的是，那个销售人员根本不听他的解释，只用非常简单的一句话搪塞：“这不关我的事，和我说也没有用！”

李翊博只好悻悻地走了出来。

他来第二家公司。不巧的是，这家公司的老板也不在。他虽然很失望，但他还想试一试，看自己能否说服接待他的人。

这一次，接待他的是一位刚刚工作不久的女孩子，当她得知李翊博是来自一家著名公司的销售经理时，立即表现出热情的态度，马上给李翊博泡茶，还把他请到会客室。

李翊博向她说明了来意，她以自己刚刚学到的营销知识，敏锐地感觉到这是一个不错的商机，无论如何，不能让这个机会白白溜走。

她请李翊博把他的方案详细地讲了一遍，她认真地做了记录，并对李翊博说，她会在老板回来之后，马上把这份记录交给老板，具体事宜等老板回来定夺。

结果第二天，第二家公司已经拿到了这款新产品的独家经营权，由于那个女员工的热情接待，为公司促成了一桩大生意。这款产品上市不到一个月，就销售了近3000台，为公司创造了巨大价值。

可见，一句轻描淡写的“不关我事”，就会把一次赚钱的机会拒之门外，甚至让这个机会落在别人的手中。其实，“不关我的事”不仅会给企业造成损失，同时，也会造成员工消极怠工、工作效率下降，这些都会给公司带来巨大的浪费。

只有在工作中积极主动的员工才能拥有美好的前景，因为在他自己取得进步的同时，也给公司带来了利润。员工在培养自己积极主动的工作习惯的同时，无形之中也培养了自己的主动工作意识，从而增强了企业的核心竞争力。

9. 不要说“你错了”

在职场上，每个人都难免犯错误。但是，千万不要在别人犯错误的时候火上浇油，直接对他说：“你错了。”这不单单是不给对方留面子，更是一种缺乏自我修养的表现。

美国前总统柯立芝发现自己漂亮的女秘书在工作中时常犯错儿，一天早晨，柯立芝对女秘书说："你穿的这身衣服太漂亮了。"这句话让女秘书受宠若惊。接下来，柯立芝又说："可是，你别骄傲，我相信你处理工作的能力也会像你的长相一样漂亮。"果然，从这天开始，女秘书的工作比以前细心多了，很少出差错。

一位朋友知道这件事后，对柯立芝说："你这个办法太好了，你是如何想出来的？"柯立芝说："这其实很简单，每个人都有自己的自尊心。所以，我从来不会对别人说'你错了'，相反，我会鼓励他。这样，任何一个人都会更加努力地工作。"

可见，改变别人的态度，就要从根本上改变他的心态。而想要改变一个人的心态，就要从根本上鼓励他，让他产生自信，从而以更加饱满的热情投入到工作中。

在职场上，想要做到不说"你错了"，首先就得从自身做起，学会经常检查和调整自己，以防自己的认识出现偏差。

有人问英国前首相撒切尔夫人是怎样在日理万机以外，还能照顾好家庭的？撒切尔夫人答复说："把要做的事逐一列下来，做好之后，再一项项删去就成了！"这个办法听上去非常简单，但仔细思量之后，你会发现，这句话中隐藏着时间管理中非常重要的一项智慧——如何对待已经制定好的计划，做到不偏不离。只有保证了自己不出毛病，才能做到宽容地对待别人，不乱发火。

对于一名优秀的员工来说，他们总是知道如何与别人交往，如何去激发别人的自信心。一个有了自信的人，做起事来就会感到非常轻松。在职场上，每个人都希望自己的能力得到别人的认可。如果我们与人交往时忽略了他们这种自尊心，总是直截了当地对他们说："你错了，有以下几个理由……"说出这样的话，就等于完全否定了对方的能力，这样会让对方感到沮丧，失去了尊严。

一旦对方感觉自己失去了尊严，以后你再说什么都没有用了。这时，即使你对他再好也无济于事。他会拒绝你的任何好意，以挽回自己的颜面。为此，他会对你愈来愈冷淡，终将越走越远。

所以，即使对方犯下了错误，也要委婉地指出来，比如，你可以这样说："我有一个不太成熟的建议，想说出来同你一起探讨……"接下来，你再巧妙地指出对方的不足。这样，对方就会很容易地接受你的批评。

总之，在试图改变别人的态度时，首先要注意保全对方的颜面，照顾到对方的尊严。如果直率地指出对方的错误，就会让对方下不了台，从此与你形同陌路。因此，在职场上行走，永远都要记住：不要对别人说"你错了"，过分直率地指出对方的错误，等于剥夺了对方的尊严，撕破了对方的脸面，也等于宣布自己是不被对方欢迎的人，这样，即使你的意见再好再有用，也难以发挥作用。

10. 永远不要说"这个苦我吃不了"

中国有一句老话，叫做"咬得菜根，百事可做"，李嘉诚、王永庆等人的成功也充分证明了这一点。他们年轻的时候，都吃过很多苦，最后战胜了苦难，取得了巨大的成功。由此可见，苦难并不是人生的灾难，它是生命成长过程中必不可少的"调味剂"。

在职场中，能吃一时之苦的人很多，能吃长久之苦的人却很少。许多人在最初遇到苦难时，也能够忍耐，可是，每当他遇到第二次、第三次的时候，却承受不了，这也是大多数人不能成功的原因之一。

有人曾这样说："在苦难面前，最重要的不是胜利而是斗争，不是征服而是拼搏。"这种精神是值得每个人去学习的。不管在什么情况下，都不能失去与苦难作斗争的勇气。

王佳成是浙江义乌一家打火机公司的董事长，目前拥有的个人资产超过了3亿元。王佳成17岁那年，与老乡结伴到江西去打工，那时候，吃饭还要用粮票，由于王佳成没有全国粮票，时常是吃了上顿没下顿，每天连肚子都填不饱。

与吃不饱的困难比起来，更重要的是要偷偷摸摸，因为当时的政策不允许农民到外地打工。没过多久，王佳成被人发现，被强行遣返回了老家。这样的事情如果发生在别人身上，肯定会非常痛苦，可是王佳成却不以为然。

没过多久，他又跑到湖北、安徽各地去寻找出路，在这段日子里，王佳成吃过太多的苦，整整七年的时间，他一直在外漂泊，甚至连家都没敢回。与他同去的老乡都忍受不了这样的生活，纷纷回乡务农了，可是他仍然咬牙坚持。

在外闯荡久了，王佳成变得见多识广，后来改革开放的政策让他看到了希望，当别人还在观望政策是否会改变的时候，他就回到家乡，用自己在外多年打工积攒的5000元钱租了一间小厂房，招了几个工人，开始生产打火机。经过几十年的奋斗，他终于找到了自己的成功之路。

如果害怕吃苦，就会让自己变得懒惰、胆怯，最后只能在叹息中看着别人成功。如果你不甘于平庸，就得学会吃苦。因为只有经历过苦难的人，才有资格品尝成功的硕果。能够在苦难面前毫不退缩的人，就具备了成功者的基本素质。

第六章
统筹安排，让时间创造更大价值

在职场中，不同的员工花同样的时间，做事的效率却大相径庭，有些人能够做一件事，有些人可以做三件事。想要在相同的时间内，将自己的效率发挥到最大化，就要学会科学地规划自己的时间。

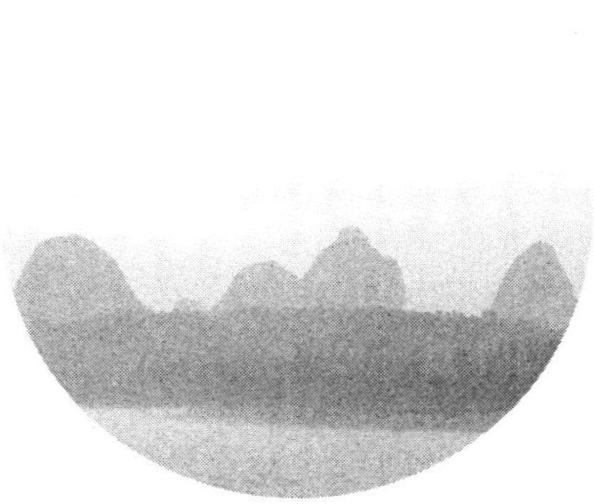

1. 整合资源，改进工作方法

在当今社会，若想提高工作效率，技术已不是关键，重要的是根据特定的目标和事物，进行资源整合。将目标与可实现目标的资源合理地整合在一起，使它们相互作用，才能达到理想的效果，也可以减少一些不必要的时间浪费。

从某种意义上讲，在当今社会，若想提高工作效率，技术已不是关键，重要的是根据特定的目标和事物，进行资源整合。

只有将目标与可实现目标的资源合理地整合在一起，使它们相互作用，才能达到理想的效果，也可以减少一些不必要的时间浪费。流水线生产就是通过资源整合，改进了工作方法。由于流水生产线的产生，汽车不再需要运送到各个分厂进行装配，只要在一个地方，就可以完成全部工序，一切都围绕着完成汽车加工这个目标而运行。这样不仅简化了工艺流程，还大大提高了生产效率，节省了大量的宝贵时间，从而带来了丰厚的利润。很多人不会想到，流水线生产汽车的构想，竟然来自屠宰场。

福特有一次经过一个屠宰场，他发现屠宰场的流程很有意思，一头猪从被吊上钩子、去毛、剥皮直到屠宰完成，都是在一个环形的架子上进行的，中间不需要将猪搬运到不同的地方去处理。

福特想，自己企业生产汽车，是不是可以借鉴这样的方法呢？于是，他就开始将自己公司生产汽车的流程重新改造，协调各项资源，把各个工序的加工人员和加工地点进行合理的匹配，通过不断的资源整合，大大简化了生产工艺，降低了生产成本，不久后，世界上第一条流水生产线就这样诞生了。

人们常说，“方法是撬开问题之门的金钥匙”，与整合资源密切相关的，是工作方法的改进。如果没有具体的方法，任何美好的理想和愿望都只能是一张草图。

只有不断改进你的工作方法，才能让你游刃有余地处理日常事务，摆脱疲劳与忙碌带来的困扰，获得更多的快乐和自由。

美国著名的管理学者杜拉克在一家银行当顾问时，发现这家银行的总裁是一个很善于管理时间的人，他有着极强的时间观念，非常注重自己的工作效率，对那些不重要的事情坚决说“不”。

杜拉克每月都要同这位总裁谈一次话，他在谈话中发现，总裁每次与他谈1小时30分钟，而每次晤谈总裁都有充分的准备，每次所谈内容仅限一个题目，每当谈话时间进行到1小时20分钟时，总裁总会这样说：“杜拉克先生，我们该做个结论了，确定下一次谈什么题目。”1小时30分钟一到，他马上站起来握手告别，绝不会拖延一分钟的时间。

在现实生活中，许多成功人士都是管理时间的高手，但是，现实生活中，也有很多人活得很累，他们工作很勤奋，但是，就是不能取得根本性的突破。

如果你已经陷入了这样的怪圈，就应该适时改进你的工作方法，一个不能合理地整合资源、改进工作方法的人，是很难提高工作效率的。

然而，一个填得满满当当的计划表，没有任何“防震”能力，稍有意外，整个计划都会破产，所以在制订计划时必须给无法掌控的事情预留一些时间，做到未雨绸缪、应付自然。

惠普公司的前任总裁格拉特把自己的时间划分得清清楚楚，他花20%的时间和顾客沟通，将35%的时间用在会议上，将10%的时间用在接打电话上，花5%的时间看公司的文件，将15%时间用在和公司没有直接关系、但却有利于公司的活动上。最重要的是，他每天都要留下一些时间，专门处理那些突发事件，例如接受新闻界采访等。

大多数成功人士在谈及时间管理时，都会强调应对突发事件的重要性，其中重要的一点，就是你得预留时间来应对你意料之外的事情，每天的计划都需要预留一定的时间，来处理这些突如其来的偶然事件。

给无法完全掌控的事件预留时间，不仅仅不会浪费时间，反而会节省时间提高效率。现实中许多人的日程安排得满满的，但是一天工作下来，总是穷于应付，回头一看，满满的工作计划也只是一纸空文。

所以，不管做什么事情，你都要清楚，现实情况可能会比预期花更多的时间。这就要求你在安排每项工作时，都必须预留出一定的时间，从而能够如期完成任务。

正如富兰克林所说的："时间是所有资源中最重要的资源之一，既无法替换也无法补救。你的时间用错了，你的使用也就到头了。"

时间是金钱，只有重视时间、节省时间，才能获得人生的成功。不断改进自己的工作方法，既是一种珍惜时间的行为，也是一种积极向上的表现，如果能把这种意识在脑子里不断强化，并能在实际行动中力争上游，这样的人，终究会迎来事业的辉煌！

2. 为自己列一份"工作清单"

计划是未来行动的前期决策，一位管理者每天都要面对在既定时间内，完成既定工作任务的问题，因此，先制订计划，再执行计划，对每个职场人来说，都是非常重要的。制定一个清晰、规范的计划，可以使你在具体工作中明确先做什么，后做什么，然后按部就班地完成，从而使你的工作既有条理又有效率。

计划是未来行动的前期决策，一位管理者，不管他从事任何行业，每天都要面对在即定时间内，完成既定工作任务的问题，因此，先制订计划，再执行计划，对每个职场人来说，都是非常重要的。制定一个清晰、规范的计划，可以使你在具体工作中明确先做什么，后做什么，然后按部就班地完成，从而使你的工作既有条理又有效率。

反之，无计划的工作就好像一盘散沙，让你开始工作时就感到无从下手，这样不仅耽误了你的时间，降低了你的工作效率，还会使你长期处于一种杂乱无序的状态中，给你带来一种无形的压力。

在半世纪前，查尔斯·史瓦担任伯利恒钢铁公司总裁，在他担任总裁期间，曾经向管理顾问李爱菲提出这样一个不寻常的挑战：“请告诉我，如何能在办公时间内做妥更多的事，我将支付给你任意的顾问费。”

于是李爱菲递了一张纸给他，并向他说明：“写下你明天必须做的最重要的各项工作，并按重要性的次序加以编排。明早当你走进办公室后，先从最重要的那一项工作做起，并持续地做下去，直到完成该项工作为止。重新检查你的办事次序，然后着手进行第二项重要的工作。倘若任何一项着手进行的工作花掉你整天的时间，也不用担心。只要手中的工作是最重要的，则坚持做下去。假如按这种方法你无法完成全部的重要工作，那么不管运用任何方法，你也同样无法完成它们，而且若不借助于某一件事的优先次序，你可能甚至连哪一种工作最为重要都不清楚。将上述的一切变成你每一个工作日里的习惯。当这个建议对你生效时，把它提供给你的部属采用。这个建议的试验时间的长短由你来定。试验后，请将你认为这个建议所值的金钱数额，用支票寄给管理者。”

数星期后，史瓦寄了一张面额两万五千美元的支票给李爱菲，史瓦的朋友问他，为什么为了那么简单的观念，付出了那么大的代价？

史瓦的答复是：“哪些观念基本上不是简单的？”他说，他经过李爱菲的指点后，他与他的部属才开始养成预先计划和“先做重要的事”的习惯。

伯利恒钢铁公司后来之所以能够跃升为世界最大的独立钢铁制造

者，是与李爱菲的指导分不开的。

在现实生活中，很多人一看到事情繁杂，就一头扎进去，结果却没忙出什么好结果。究其原因，就是他们为了完成眼前的事，却忽略了计划的完整性。在事情开始之前，做一些准备工作，那么开始工作以后的时间就会减少。善于做计划的人，才能在自己的工作中实现高效。

做事之前想一想，自己在做各种事情之前，有可能出现的漏洞或者突发事件。这样在工作中，就会思路畅通，能够举一反三、触类旁通，从而大大提高工作效率。

制订工作计划，有一个很有效的途径，就是列出一份“工作清单”。制订工作清单，最好的时间是在下班前几分钟，拟定第二天上午的工作计划表，这是成功的高级经理人员做有效的时间管理计划时最常用的方法。如果推延到第二天上午再列工作计划表，就容易草率，因为那时已经有工作的压力，工作表上所列的，常常只会是紧急事务，而不是重要的事项。

你应该每天保持两种工作表——最好在同一张纸上，在纸的一边，或在你的记事本上面列出在某几个特定时间里做的事情，如会议和约会。在纸的另一边列出你“待做”的事项，把你所想到的，尽量列出来，然后审视一番，排定优先次序的编号。

工作表上最值得做的事项，应该标上 1 号或 2 号，你需要安排出特定的时间段来处理这两件事，在时间允许范围内，你可以依次完成其他的事情，但是，不要为次要的工作安排出特定的时间，因为你要保证有足够的弹性时间来处理突发事件，否则就会因计划不能按时完成而泄气。

在纸上列出一份清单，可以提醒自己应该做什么工作，反映出工作的轻重缓急以及应该注意的细节。在规划每天的待做事项时，你不妨事先花一定的时间来检查你的目标表，看看你所安排的事情，是不是真正使你接近你的长远目标。

商界大亨亨利·杜哈蒂说过：“我只做一件事，思考和安排工作的轻重缓急，其余的完全可以雇人来做。”大量的人没有养成先思后行的习惯，要么只是按别人说的做，要么是做到哪里算哪里。事实证明，拿出足够的时间来做计划，效果惊人。

3.给工作分类，好钢用在刀刃上

懂得时间管理的人，从来不为未来的事情杞人忧天，也不会在过去做错的事情上长久地悔恨，他们知道，应该在最值得投入的地方，集中精力打歼灭战，把努力的焦点全部放在回报最高的事情上，而不是放在意义不大的琐事上，正所谓“好钢用在刀刃上”。

俗话说：“好钢用在刀刃上”，这句话是在提醒我们，要把主要的精力用在最见成效的地方。一个人优秀与否，往往取决于他是否能够高效地工作。我们应该掌握 80/20 法则，把精力花在回报最高的事情上，千万不要浪费时间在一些无聊的事情上。

80/20 法则又称为帕累托法则、帕累托定律、最省力法则或不平衡原则、犹太法则。此法则是由约瑟夫·朱兰根据维尔弗雷多·帕累托本人当年对意大利 20%的人口拥有 80%的财产的观察而推论出来的。在财富分配方面，意味着 80%的财富被 20%的人拥有，或者 64%的财富属于 4%的人。

美国企业家威廉·穆尔在格利登公司做销售员时，第一个月仅挣了 160 美元。通过分析销售记录发现，他的 80%的收益只来自 20%的客户，但他却在所有的客户身上花费了同样的时间。

在他的要求下，穆尔名下 36 个最不活跃的客户被重新分配给了其他销售员，而他自己则把精力集中到最重要的客户身上。后来，他一个月就赚到了1000美元。穆尔对这一原则的坚持，使他成为凯利—穆尔油漆公司的总裁。

80/20的法则认为：原因和结果、投入和产出、努力和报酬之间本来存在着无法解释的不平衡。这说明少量的原因、投入和努力会有大量的收获、产出或回报。

80/20法则告诉我们：在几件事情上追求卓越，不必事事都有好表现，从生活的深层去探索，找出那些关键的20%，以达到80%的好处，锁定少数能以80/20法则完成的目标，不必苦苦追求所有机会。

例如：作为销售人员，推销时，你打50个电话，可能只有5个顾客同意与你见面，就是说，你花了80%的时间，在约见客户，但是只有20%的客户跟你见面。作为一个职业经理，可能你花了两个小时的时间做准备，但是会议进行可能不到30分钟，也就是说用80%的时间做准备，造成的结果是20%，但是这20%的准备造成了80%的结果。

有智慧的人，懂得如何把精力集中在20%有效的资源当中，他们会在可能产生效益的地方深耕细作、精益求精，让有可能产生的效益最大化，而不是漫无目标地消耗自己的能量。

懂得时间管理的人，从来不为未来的事情杞人忧天，也不会在过去做错的事情上长久地悔恨，他们知道，应该在最值得投入的地方，集中精力打歼灭战，把努力的焦点全部放在回报最高的事情上，而不是放在意义不大的琐事上。

只有这样，才能取得事半功倍的结果，取得成功，关键在于善于用心。

4.学会在短时间内获得有效信息

面对纷繁复杂的信息，要善于思考，有能力判断，不能人云亦云，更不能被他人左右。对有效信息进行进一步统计分析，针对分析结果，制定行之有效的行动措施。从信息的海量到信息处理的针对性，是一个筛选的过程，也是一个简化和放弃的过程。

在信息社会，我们的生活中不能缺少信息，如果信息匮乏，就无法获得对周围环境的认知，无法快速、合理地选择合作对象。

但信息过量也同样是有害的，我们要在大量无法选择的信息中冲浪，会浪费大量的时间。由于过量的信息的堆积给我们带来的负面影响，少了冷静思考的时间，多了一些随波逐流；少了对传统、对经典的鉴赏，多了一些浅尝辄止的涉猎；缺少了对社会的深刻理解，多了一些对社会的肤浅的认识。在信息浪潮的冲击下，人们的生活越来越浮躁，没有了坚固的根基，在这种盲目的信息追求中，丢失了自己的目标和方向，浪费了本应做其他事情的时间。

所以，一个聪明的人，要懂得平衡信息的价值和作用，懂得合理规划自己的时间，每天留出一些时间，搜索自己所需的信息，并关注一些利于个人发展、能够增长知识的有益信息，让自己跟上时代的步伐。

不要不加选择、不加限制地去阅读、浏览各种各样的信息。同时，面对纷繁复杂的信息，要善于思考，有能力判断，不能人云亦云，更不能被他人所左右。对有效信息进行进一步统计分析，针对分析结果，制定行之有效的行动措施，从信息的海量到信息处理的针对性，是一个筛选的过程，是一个简化和放弃的过程。

怎么确定信息是否必要和重要呢？一个简单而有用的方法，是比较信息处理所付出的成本和收益。是将精力均匀地分布，还是根据信息的重点分配多一些的精力呢？答案肯定是第二个，要对信息的重点给予特殊的关注，然后再重点处理你需要的关键信息，简单处理一般性的辅助信息。高效的时间分配，无疑减少了一些浪费时间的环节。

另外，做摘录笔记是一个非常好的习惯，把每天得到的有用的信息，用卡片记录的方式记下来，有助于你的信息储备。

要知道，习惯的力量是巨大的，假如不想在每一次信息处理时花费大量时间，那么，就养成一个科学的处理信息的习惯吧，看到短信之后，快速做出反应，判断它是否有用，迅速地过滤不必要的信息，这样做，可以缩短不必要的处理信息的时间。选择有价值的信息为我所用，不仅可以提高工作效率，也可以丰富你的人生阅历，帮助你快速成长成为职场达人。

5. 合理利用琐碎的时间

如果你在一天中节省出了40分钟，那么，一个周就是320分钟，用在工作上的时间相当多了5个小时，一年可以多出了14600分钟，大约243个小时，按照每天工作8个小时计算，从节约5分钟开始，我们一年就能多工作30天，以此类推，如果我们能节约10分钟的话，一年就能多工作60天，既然可以在不知不觉中多出这么多的时间来用于工作，我们又何乐而不为呢？

在职场中，经常听到有人会这样幻想："如果一年可以变成712天，如果一天变成48小时，那么该有多好！"可是，这样的幻想是永远不可能实现的，与其这样幻想，不如节省自己的时间，让人生中的每一分钟都体现出充分的价值。

人的生命是有限的，我们不能增长自己的寿命，也不可能挽留时间的脚步，但是，完全可以让自己的时间变得更加有效。

在生活中，我们常常以"天"为单位衡量时间，我们记得今天做了什么，昨天做了什么，但是，如果仔细想一下，你会发现，这一天中有很多个小时都在浪费中虚度，而在那些你自以为做事的过程中，也有很多时间在悄然地溜走。

当我们把时间以年、月、天来衡量的时候,就很容易在不知不觉中浪费掉一些时间。而一个人成功的关键,只能靠细小时间的利用。我们不妨算这样一笔账,假设每周工作 5 天,每天工作 8 个小时。现在你改为用“分”来衡量时间,在过去每个小时中,你把有可能忽略的 5 分钟加以利用,因为这并不是一个难题,只要你减少发呆的次数,减少反复刷新网页论坛的次数,减少浏览与工作无关的网页的时间,你在一天当中,至少可以多出 40 分钟用在工作上。

如果你能学会对时间的“微观把握”,把生命中的每一分钟都合理地利用起来,你就会拥有更多的时间。我们虽然不能增加人生的长度,但是,我们可以通过自己的努力,来拓宽人生的宽度。

当年爱因斯坦曾组织过享有盛名的“奥林比亚科学院”,每天早上吃早餐的时候,与会者总是手捧咖啡杯,边吃早餐边看报纸,同时讨论。后来,有很多科学创见都产生于饮茶之余。

由此可见,充分利用自己的早餐时间浏览一些信息,可以让自己在短时间内,拓宽自己的视野。只有懂得利用闲暇时间的人,才能够更好地对时间进行管理,才能够拥有更多的可用时间。

鲁迅先生说:“时间就像海绵里的水一样,只要你愿挤,总还是有的。”谢觉哉老人也曾精辟地说:“挤……工作要挤才紧张,时间要挤才充裕。一个人如果常年觉得挤,反而觉得有的是时间;如果松松垮垮,他将一事无成、虚度年华、浪费生命。”

日内瓦大学对数学家做过一个调查,69 个数学家中,51 个认为睡眠中能够解决问题;剑桥大学对各种学科中有创造性的学者的工作习惯也进行过调查,有 70%的科学家承认自己从一些梦中得到帮助。

当然,这并不是鼓励大家都在睡梦中找灵感,或者说把工作留给睡眠,这只是想说明,使用好的方法利用睡眠时间的确是很重要的。

在你清醒的时候,尤其是在睡前,全神贯注地思考着某一个问题或者记忆某一些知识,大脑是一直处于高度兴奋状态之中。一旦睡着了,大部分大脑是处于抑制状态,但某一部分仍处于兴奋状态,继续处理着你所输入的信息,帮助信息的消化,有时候甚至能帮你找出答案来。

因此，懂得利用零碎时间来获得更多灵感的人，就可以寻求到更多的可供自己支配的时间，就可以提高时间的利用率和有效性，使自己的时间管理更为科学、合理。一旦你学会了管理零星时间的技巧，日积月累，它就会形成一种习惯，这种习惯可以改变你的命运，把你带向成功之路。

6. 最大限度地利用好生命中每一分钟

歌德曾经说过："我们都拥有足够的时间，只是要好好善加利用，一个人如果不能有效利用有限的时间，就会被时间俘虏，成为时间的弱者。一旦在时间面前成为弱者，他将永远是个弱者。因为放弃时间的人，同样也被时间放弃。"

"我很忙，我实在是太忙了"，这句话是我们现代人使用频率最高的一句口头禅。对现代人来说，时间无论如何都是不够用的。那么，在人的一生中，生命的使用情况如何？

某权威机构曾做过一项调查，假设一个人活到 72 岁，在这一生中，用于睡觉的时间是 20 年，吃饭所用去的时间为 6 年，生病时间为 3 年，工作 14 年，读书 3 年，体育锻炼、看戏以及各种娱乐活动的时间 8 年，说闲话的 4 年，打电话 1 年，等人的时间为 3 年，旅行用去一生中的 5 年，花在打扮上的时间 5 年。

通过这项调查我们可以发现，人的一生中真正有意义的时间，是工作中的 14 年，读书用去了 3 年，总共 17 年。用在有意义的事情上的时间，不到人生的 1/3，即使加上睡眠消耗的 20 年，加起来，一生中还有 1/2 的时间处于虚度状态，这是一个非常可怕的事实。

而值得欣慰的是，在我们无意中荒废的时间中，我们可以加以利用。如果在吃饭所消耗的 6 年当中，稍稍提高一下吃饭的速度(当然，要保持在健康的前提下)，我们可以节省多少时间？如果我们把说闲话的4年时间完全用在工作上，你的人生一定会是另外的一番风景。

有这样一个故事，一个生活平庸的年轻人，在生活中看不到一点希望，认为自己没有任何机遇，于是，他去拜访一位智者，希望智者能给他指出一条光明之路。

智者问年轻人："你为什么来这里？"

年轻人回答道："到现在我还一事无成，希望您能为我指出一条明路，让我找到自己的价值，取得成就。"

智者摇了摇头说："不是这样的，我感觉你很富有，和那些成功的人一样，时间老人从来都不曾亏待过你啊，每天在你的'时间银行'里存下了86400秒。"

年情人无奈地笑了一下说："那有什么用呢？时间既不能换来一桌美味的饭菜，也不能当成一种荣誉来享受……"

智者很严肃地说："难道你不觉得时间很珍贵吗？你可以与去问问那个刚刚错过航班的乘客，一分钟值多少钱？再去问问那个刚刚从火灾里被抢救出来的孕妇，一秒钟值多少钱？或者去问问那个刚刚与冠军失之交臂的运动员，一毫秒又值多少钱？"

听了智者的话，年轻人的心情豁然开朗。

智者继续说："只要你能明白时间的价值，去找一件自己想做的事情，然后一直坚持下去，你脚下的路自然会变得通畅，你也可以更快地接近成功。"

我们听完这个故事，不觉喟叹，时间如此宝贵，然而，我们却在平常的生活中消耗散掉了太多时间。一个真正聪明的人，会不断反思自己的行为，并精心管理自己的时间。

我们也不妨反思一下，我们自己平时还有哪些空闲时间是应该利用的？有哪些时间是我们平时所随意抛掷掉的呢？闲暇的时间究竟用来做什么，才有利于个人的发展呢？

张衡爱好制作及文学；爱因斯坦喜欢划船，钟情提琴；巴甫洛夫爱读小说，喜爱集邮；聂卫平“拱猪”技艺精湛，桥牌技法高深。他们虽然有各种各样的业余爱好，但是，这些业余的爱好不但没有降低他们的工作效率，反而让他们在自己的领域更加出色。

一个人若想做事高效，获取事业的成功，就必须重视时间的价值，最大限度地利用时间。对于追求成功的人来说，每一分钟的闲暇对于他们来说都是值钱的。他们成功的诀窍都是变“闲暇”为“不闲”。

歌德曾经说过：“我们都拥有足够的时间，只是要好好善加利用，一个人如果不能有效利用有限的时间，就会被时间俘虏，成为时间的弱者。一旦在时间面前成为弱者，他将永远是个弱者。因为放弃时间的人，同样也被时间放弃。”

作为一名优秀的员工，要培养自己高效工作的习惯，不让空闲时间无意义地流逝，把空闲的时间利用起来，让你的生命更加缤纷多彩。

7. 时间共享，同样时间做多样工作

时间共享是一种科学管理时间的方法，就是学会统筹安排，合理调配现有资源，提高时间利用率，在最短时间内做更多的事，获得更好的收益。

在职场上，提高时间利用效率的办法，就是做到“一箭双雕”，在同样的时间里做更多的工作。

对于那些初入职场的新人来说，他们进入公司之后，所接受的第一个培训就是提高打字速度，这个培训的好处是可以赢得更多的时间，使工作效率提高。在训练盲打录入的时候，可以选用英文培训教材《轻轻松松背单词》，职员在练习打字的过程中，同时也提高了对单词的记忆能力，可谓“一箭双雕”。

我们如果能做到在工作中“一箭双雕”的话，就能让时间发挥双倍甚至多倍的作用，提高我们的办事效率。

但是，做事“一箭双雕”，并不是让你在做一件事情的时候，心里考虑其他事情，这样一心二用不但不能提高效率，反而会把手上的事情弄砸。

如果把整理资料这种工作分散在一天的不同时段来进行，肯定要比连续整理文件需要的时间多。为了节省时间，我们可以各种事务性的琐碎小事集中起来，专门拿出一段时间来处理，这样既省时间又有效率。

现代社会是一个信息社会，发展主题就是要实现资源共享，我们在追求资源共享的同时，有没有发现，时间就是最宝贵的资源，如何才能实现时间资源的共享？

时间共享，就是一种管理时间的方法，学会统筹安排，合理调配现有资源，提高时间利用率，在最短时间内做更多的事，获得更好的收益。

根据数学中统筹学的原理，许多事件进程同步规划的差异会导致结果的完全不同，在此，我们以烙煎饼这样一个简单的过程来举例分析：

有2个锅，要煎3个饼，煎一个饼的第一面要1分钟，第二面也是1分钟，煎好1个饼要2分钟，怎样才能把3个饼在最短的时间内煎好呢？

甲和乙同时开始煎：甲按照顺序，每个煎饼分别进行，总共用时6分钟；而乙却只用3分钟便可以完成，那么乙是怎么完成的呢？

乙采用的方法是：第1分钟，用第一个锅煎第1个饼的第一面，第二个锅煎第2个饼的第一面。第2分钟：用第一个锅煎第1个饼的第二面，第二个锅煎第3个饼的第一面，第3分钟：用第一个锅煎第2个饼的第二面，第二个锅煎第3个饼的第二面。这样便节约出3分钟的时间。由此对比，两者的工作效率不言自明。

一旦你开始做某项工作，就不要半途而废。如果一项工作过于复杂，不能一次做完，那么，最简单的办法就是“各个击破”——把一项工作化解成若干个阶段，然后规定自己在某一特定时间内，完成这一段工作内容。这样在每干完一段落的时候，你就可以回顾一下，发现自己的工作有条不案，而且很容易接近成功的目标。

例如，你要完成一份很长的可行性研究报告，你要先想一下你所写的内容，整理一下思路，然后列出大纲、目录，按目录安排进度。这样，每当你完成一个标题，就会有一种成就感油然而生，并且十分清楚自己下一步应该做什么。此外，把工作分成若干环节去做，还可以帮助你养成"强制完成任务"的良好习惯，这样做，可以为你节省大量的时间。

当你发觉自己正在面对一项非常重要、难办的工作时，你可以把它分成若干小的单元，然后逐一完成，不要强迫自己一下子完成全部工作。

因此，协调好自己的时间，在同样的时间里做更多的事情，这样才是最有效的工作方法。

8. 盯"面"放"点"，工作之前统观全局

全局观念是我们做大事的重要素质之一，统观全局是对时间进行合理管理的前提，我们要在盯住"面"的同时，关注"点"，分配好自己的工作时间，确定好工作步骤，只有这样，眼光才能更加开阔，做起事情来也会得心应手。

我们在与别人洽谈工作的时候，一定要利用别人空闲的时间，因为这样可以提高我们办事的成功率。如果我们没有事先了解到别人的具体情况，在对方没有时间的情况下盲目出击，有可能谈成的项目也可能因此而落空，并且造成时间的大量浪费。

所以，很多企业在招聘员工的时候，都注意到员工的素质，希望每个员工都具有纵观全局的能力，成为职场上的强者。

有一家公司准备开设新店，正在招聘新员工，负责招聘的人事部经理，是一位优秀的人力资源管理者，多年的经验积累使他总结出一套独特

的考察员工的方法，就是指着办公室墙上的留言板问他们："你们在这里看到了什么？"墙上挂着的留言板上没有留言，中间吸附着一颗很醒目的红色磁石钉。

应聘者十有八九都会在人事经理提问之后思考一段时间，然后回答说，他们看到了一颗红色的磁石钉以及关于磁石钉的位置，做出这样回答的人，基本上都没有被人事经理录用，这是为什么呢？

人事经理后来透漏，做出这样回答的人一般都不太注重全局，为什么他们看不到远比磁石钉大得多的留言板呢？相对于全局来讲，磁石钉仅仅只是一个局部，一个不管面积还是重要性，都无法和留言板相媲美，他们将眼光仅仅盯在局部，注意力和思维都集中到一点，从而忽略了全局和整体。而公司录用人才的标准是在面对每一件事情时，首先要有纵观全局的洞察能力，然后要有洞察后的驾驭能力，所以他们落选了。

这家公司的人事部经理为什么如此重视员工的全局观念呢？因为全局观念是我们做大事的重要素质之一，只有在做事之前统观全局，才能对局势有个清晰的了解，才能够对我们所要做的事进行统筹安排，对时间进行合理规划，决定该做什么、不该做什么，什么可以先做，什么可以滞后。

所以说，统观全局是对时间进行合理管理的前提，我们要在盯住"面"的同时，关注"点"，分配好自己的工作时间，确定好工作步骤，只有这样，眼光才能更加开阔，事情做起来也会得心应手。我们做事，往往要有一个目的，所有的事情，都是围绕这个目的而存在，所以，为了更快、更好地达成这个目的，我们就要搞好协调，有人把"协调"这项工作概括为一个字——那就是"大"字。

所谓大，就在于它涵盖面大，协调无处不在，无时不有，矛盾在哪里出现，协调就要跟踪到哪里。大，还在于它事关整体和大局，协调能力的好坏直接关系到整体的发展。因此，搞好协调，必须遵循以下原则：

(1)顾全大局的原则

若想在实际工作中顾全大局，首先，协调者要胸怀全局，对所有的事情有一个全面的了解，只有将全局的情况搞清楚，协调才能更有效，否则，只能是无的放矢。

其次,协调者要围绕中心工作做文章。特别是组织大的活动,需要几个部门合作的时候,各部门要尽心尽力地协调好,按照既定方案,集中力量,统一行动,各司其职,协力完成。

再次,协调者既要通观全局,又要关照局部。各部门虽然各有其独立的业务工作,但总的工作目标是一致的。因此,各部门要在认真执行上级指示和领导意图的前提下,主动协调,积极围绕中心任务开展工作,使工作服务于中心任务,促进中心任务的完成。

(2)讲求时效的原则

对领导机关来说,调整矛盾、理顺关系,归根到底是个工作协调问题。而任何一项工作的协调,都是有时间要求的,过了一定的时间,协调就失去意义。所以说,时效性是协调的"生命",不讲时效的协调必然会误事,给工作带来严重的损失。

9.时间统筹上需要注意的三要素

时间统筹是一种高效率工作方法,如果在工作中将时间有效地运用起来,就会快速提高你的工作效率。

优秀的员工都是时间管理的高手,在最短的时间内,如何获得最大的效率?只有做好时间统筹。在时间统筹上,一定要注意以下三个要素:

(1)与人交谈,控制好谈话的环境和进程

我们每天都要花费很多时间与人交谈,学会一些谈话的技巧,可以让我们节约很多时间,不会把时间浪费在无谓的谈话中。

首先,我们要注意谈话的环境,如果我们是在闹市或者十分嘈杂的地方与人谈事,就应该尽早结束谈话,或者换一个地方继续交谈,因为在这样的环境下，交谈根本不会有成效。

再者，与人交谈的时候，你应该控制好谈话的进程。所谓谈话的进程，就是该谈些什么、什么时候谈到什么程度、什么时候结束。你必须取得主导地位，引导谈话，不要让对方把话题扯到一边去。要有“任凭风浪起，稳坐钓鱼台”的心态。特别是当谈话已经偏离了方向时，你要把它引到有意义的方向。提问就是一种很好的引导方式，可以让对方回到正题上来。

如果谈话已经到了没有实质性内容的时候，对方还是滔滔不绝，为了节约你自己和对方的时间，你可以尽快结束谈话。

控制好谈话的进程可以让你从那些无谓的谈话中摆脱出来，快速有效地从谈话中获取你需要的信息，传达你想要传达的信息，真正做到省时高效。

(2)会议发言，切忌滔滔不绝、只放不收

在会议上，我们常常碰到这样的情况：一些人在会上发表自己的观点时没有时间观念，一张开口就收不住，有用的、没用的说了一大堆，有时甚至说上一两个小时，跑题了都不知道。由于他说得太多，大家都没有兴趣听下去了，即使听了，也弄不清楚他所表达的主旨是什么。这样浪费了很多时间。

所以，会议发言一定要言简意赅，收放有度的会议发言会让你给人留下一个果断、干练的印象。

(3)不重要的会尽量不要召开

在工作中，开会是最司空见惯的事情，“喂！别忘了下午三点的会哦！”相信任何一个上班族听到“开会”这个词，都不免皱皱眉头，三天一小会，五天一大会，只会将原本可以用来好好工作的时间浪费掉。

所以，我们应该尽量减少开会的次数，不重要的会尽量不要召开。不要让会议成为我们工作的负担。怎样衡量会议的重要与否，减少开会次数呢？可以遵循以下几点原则：

①会议不要扩大

开小会就能解决的事情就不要开大会，会议的参与者都应该是与这次会议相关的人，不要让无关的人也来开会。动不动就开全体会议是在浪费大家的时间。

②会议不要重复

需要全体人员参加的，开一次全体大会就够了，不要各个小集体再开一次会，然后又集中起来开一次会，其实说的东西都一样，这是对时间的二次浪费。

③注重会议的成功率

需要解决的问题尽可能在一次会议中解决，不要拖到开第二次、第三次，可以采取施加压力的办法，事先声明问题不解决不散会，增强与会人员的紧迫感。

10. 速度是成功的关键

在这个高速发展的时代，彼此间的竞争往往不是靠规模取胜，更多的是靠速度取胜。从某种意义上讲，速度是决定胜负的关键，是改变命运的根本。

在追求速度的同时，考虑一系列配套的因素，速度和正确的方向相结合，追求科学的程序和完美的工作质量，并考虑到自己的承受能力，这样的速度追求才能引导你走向成功。

李·雷蒙德，这个继洛克菲勒之后最成功的石油公司总裁，被人称为是工业史上绝顶聪明的 CEO 之一。因为没有人能够像他一样，令一家超级公司的股息连续 21 年不断攀升，并且成为世界上最赚钱的一台机器。这个聪明人的信条就是：在速度中抓住机遇。

在他的影响下，这一信条已经成为他所在公司秉持的理念之一，“追求高效”已经成为埃克森·美孚石油公司企业文化的一个重要部分，美孚石油公司跃升为全球利润最高的公司，有着埃克森公司和美孚公司携手的因素，更重要的是它拥有一支高效运转的员工队伍。

李·雷蒙德的一位下属曾经这样解释这一理念：速度往往是能否战

胜对手的关键，因此，无论做什么事，只能高速度、高质量地完成，才能处于不败之地。

事实证明，许多大型企业都懂得在速度上抢得先机，比如，世界知名的快餐“麦当劳”在速度上就胜人一筹，他们的口号是：“如果一分钟内没有让顾客拿到自己想要的快餐，那就免费送顾客一罐可乐。”为此，有人曾专门去麦当劳点东西，其目的是能够喝上一罐免费可乐。当然，最终的结果是没有人喝到这罐可乐。在这个激烈的竞争环境中，能够掌握主动权的人，永远是那些快速抢占市场先机的人。

有一名叫科莱特的英国青年，他经过几年的努力终于考上了美国的哈佛大学。考入哈佛是父母多年的夙愿，也是科莱特的梦想。在进入哈佛的第一天，科莱特就暗暗发誓，一定要在哈佛有所成就。

在哈佛期间，科莱特与一位18岁的美国同学成为好朋友。

在大二那年，这位美国同学突然对科莱特说：“我有个好想法，我们一起退学吧！我觉得现在正是创业的绝佳时期。如今的技术已经解决了进位制转换的问题，我想未来的计算机领域会日新月异，我们可以一起在计算机软件这个领域做点事。”

听了这番话，科莱特大吃一惊，他从来没有考虑过退学创业。他说：“我想还是算了。我们应该在哈佛好好学习，将来找份稳定的高薪工作，那才是我们该走的路。”于是，科莱特毫不犹豫地拒绝了这位美国同学的邀请。

科莱特回家之后想了很久，因为他也想拥有自己的事业，但他立刻想到，自己是来求学的，不是来胡闹的。再者，自己对软件并不是太熟悉，怎么可能单独开发软件呢？

最后，科莱特选择继续留在哈佛深造，而那位同学却真的退学了，并投身到自己梦想的事业当中。科莱特始终不相信自己的这位同学会取得什么成果，甚至担心有一天他会被困难打倒，因为科莱特觉得他学到的东西太少了。在科莱特的心里，只有把全部的知识学好了，才有能力去从事科研事业。

然而，事情却以另一种姿态发展着，十年后，科莱特经过自己的努力，如愿地成为哈佛大学计算机系的博士研究生。而那位退学的同学却成了《福布斯》杂志亿万富翁排行榜上的一员。

当科莱特得知这个消息时，他还在攻读自己的学业。他甚至认为自己的朋友会在不久变得很贫穷。因为在他看来，那位同学的财富只是暂时的泡沫。

到了 1992 年，科莱特还在继续攻读博士后，并梦想着不久后就会走出一片属于自己的天地。正当他还在为此暗暗自喜的时候，那位同学却拥有了属于自己的个人资产，他的资产在这一年仅次于华尔街的大亨——"股神"巴菲特，成为美国第二大富翁。

到了 1995 年，科莱特完成了自己的学业，他认为自己已经具备了足够的学识，于是就决心投入到软件的研究和开发中。但是，那位同学却已经成为了世界首富。科莱特的这位同学不是别人，正是大名鼎鼎的微软创始人比尔·盖茨。

比尔·盖茨之所以能够取得今天的成就，最主要的就是他懂得靠速度制胜。在通往财富的道路上，比尔·盖茨只是比科莱特快走了几步，结果却天壤之别。一个成功的人，并不在于他拥有多少知识，而在于他有多大见识，最主要的是他要比别人更清醒地看到未来，一旦发现机遇，就一定要迅速出击，迅速地将机遇转化为财富。

著名的企业家张瑞敏曾问过手下高管这样一个问题："如何才能让石头不沉入水底？"

许多人都百思不得其解，张瑞敏笑着回答两个字："速度。"

只要速度够快，石头就能够漂在水面上。因此，一旦抓住机会，一定要迅速行动起来，不要让机会在你身边白白溜走。

速度不但能为企业造就神话，还能让一个人走向成功。如果谁忽略了速度，那他就无法赶上时代的发展，最终被社会淘汰。所以，不管何时，都要意识到速度的重要性，并不惜一切代价，最大限度提高自己的速度。只有这样，你才能为自己赢得时间、赢得未来。

第七章
掌握职场中“听”与“说”的技巧

职场上“听”与“说”是永远的话题。然而，听和说是有技巧的，如果掌握这些技巧，并将这些技巧熟练地运用到工作当中，就会增加你的魅力，让你在职场上游刃有余。

1. 锻炼自己的倾听能力

在职场中，凡事能够倾听他人意见的人，人际关系都非常融洽，因为倾听是对讲话人的褒奖，如果你在耐心地倾听对方的谈话，就等于告诉对方，“你讲话很有价值”，这样可以提高对方的自信心，从而加深彼此之间的感情。

倾听是一种智慧，在倾听的过程中，要通过自己的语言和非语言行为，向对方表达尊重和友善。此外，还要不时地与对方交换意见，耐心而细致地聆听对方的心声。这样可以营造一个良好的氛围，始终让对方感觉到，自己的谈话是非常重要的。

反之，如果对方还没有把话讲完，你就东张西望，表示出不耐烦的样子来，这样做最容易让对方感到自尊心受挫。

良好的人际关系不是靠逢场作戏建立起来的，建立真诚、良好的人际关系，其中最重要的一点，就是耐心倾听他人的谈话，当周围的人都意识到你能耐心倾听他人意见的时候，他们就会自然地向你靠近，这样，你就可以与很多人进行思想交流，建立广泛的人际关系。否则，一个不能倾听别人讲话的人，将会被人孤立，得不到周围人的帮助。

说话者面对专心聆听的听众，希望获得尊重的心理得到满足，就会大大提高说话的兴致，会高兴地把交谈进行下去，并对听者产生美好的印象。在美国，流传这样一句俗话：“许多病人找医生，不过是找一个能静听他诉说病痛的人罢了。”有时候，运用好倾听技巧，还能为自己带来意想不到的收益。

被称为“发明大王”的爱迪生曾经在20岁的时候，在金业证券及电报公司担任电气工程师。爱迪生在这个岗位上，对当时许多通信器材做了一些改进。此外，他还发明了“金价值通信器”的装置，并且申请了专利。

有一天，爱迪生所在的那家公司的两位董事找到他，说总经理请他有事商量。爱迪生来到经理室，总经理告诉他，公司想要购买他的“金价值通信器”装置，问他想卖多少钱？

爱迪生心想：“如果能卖到5000美元，我就满足了。当然，如果公司真的打算买下来，给的价钱少一点，我也能够接受，因为我现在正需要一笔钱来购买实验器材。”爱迪生刚要开口，但转念一想，怕遭到公司的拒绝，于是，他没有讲话，只是微笑地看着总经理。

总经理再次问道：“爱迪生先生，我们正需要你的‘金价值通信器’，你打算将它卖多少钱？”

爱迪生对总经理说：“这个我也说不好，你看它值多少钱，就给我开个价钱吧，只要您认为价钱合理，我是不会拒绝的。”

总经理说：“如果要我开价的话，我最多只能出40万美元。”

“天哪！40万美元！”听了总经理的话，爱迪生心花怒放，因为这个价格比他最初预想的5000美金，整整多了80倍。

后来，爱迪生用这40万美元购买了很多实验器材，开始了他的发明事业。而让他获得这笔财富的那个“技巧”，他也牢牢地记在了心里，“请你开个价吧！”爱迪生利用这句话，又将自己发明的两个专利，各以10万美元的价格卖给了西联电报局。

“在关键时刻要沉得住气，让对方开口”这一技巧，让爱迪生从中获得了高额的利润。

如果我们在交谈中注意倾听对方的发言，不但可以让自己的谈话有的放矢，提高交流的质量，而且还能从对方的反馈中发现自己发出的信息是否被对方准确、全部地接受，自己是否能够有效地说服对方。如果我们认真倾听，就可以随时检验自己谈话的效果，进一步调整我们的语言策略和技巧，提高交际能力。

要知道，你的耳朵就是你吸收信息的接收器，它可以随时提供你创造决定性思维的“原料”，可以强化你的创造力。

为了做一个合格的倾听者，你需要从以下三个方面开始行动：

(1)尽量给别人说话的机会

即使是一对一的谈话，你可以向对方说：“让我听听你的意见”、“关于这个问题，你有什么看法”，用这种启发的方式，引发对方的思考，你也可以给他创造说话的机会，从而增加他对你的好感。

(2)以提出问题的方式补充你的意见

对于任何事情，都不能武断，聆听别人的意见，是避免使你陷入被动的最好方法，因为别人的意见可以帮助你，把有可能存在纰漏的计划补充得更周详、完整，所以，你尽可以这样问对方：“对于我的看法，你有什么好意见？”

(3)集中精神聆听别人的谈话

所谓聆听别人说话，并非只是自己不开口，做个闷葫芦，而是要充分调动自己的思维，同时启开心灵，听别人讲话。并且要跟对方有良好的互动，这才是倾听者的最高境界。

2. 掌握倾听的技巧

学会倾听是一个职场人必不可少的基本素质，学会倾听、善于倾听，能够充分理解领导的意图，并适时做出正确反应，这样能够给领导留下一个精明强干的好印象，对自己的发展有极大的好处。

除了阅读之外，倾听是人获取信息最便利的方式之一，倾听对于一个职场人来说，具有非常重要的作用，不仅有利于发展良好的人际关系、理解他人的思想、欣赏他人的风格，同时，有效的倾听也可以帮助职场菜鸟积累宝贵的工作经验，通过他人的知识来丰富自己。

职场人士大约有75%的时间都在与人沟通，如果不善于倾听，就会无法按时完成上级交给的任务；不善于倾听，就会无法顺利地向下属布置工作。

因此，学会倾听是一个职场人必不可少的基本素质，学会倾听，善于倾听，能够充分理解领导的意图，并适时做出正确反应，这样能够给领导留下一个精明强干的好印象，对自己的发展有极大的好处。

在英国，曾经发生过这样一件事：一个商人怒气冲冲地走进某公司的经理室，说自己是这个公司的客户，不久前，莫名其妙地接到几封这家公司财务部门发出的债款信，催他还3万元，而他记得，已把该付的钱全都还清了。他愤怒地表示：今后再也不会跟这家公司有任何业务往来。

总经理彬彬有礼地接待了这位客户，当他聚精会神地听完这个客户激怒的申诉之后，那个客户的情绪逐渐平稳下来，经理用非常和蔼的语气说道：“首先，我代表公司，感谢你坦诚地告诉我这件事，您帮了我们的大忙，如果我们公司的会计部门弄错了，他们也有可能对其他顾客发生误会，如果是这样，那就太糟糕了。请您相信，我们一定会查清这件事。”

商人没想到，对方会对自己的发泄如此认真地倾听，态度谦逊而和蔼，他本来是准备大闹一场的，看到这样的情况，也只能偃旗息鼓。

商人回到自己的公司之后，认真地核对了一下账目，发现真的是自己漏付了3万元，他很惭愧，急忙把欠款还清，然后还给这家公司寄出了一封道歉信。

在职场中，一定要记住，与你谈话的那个人，假如他正在牙痛，而你想告诉他，别的国家发生了地震，此时他会认为，自己的牙比地震的灾难更重要。所以，找到倾诉者正在关注的目标，然后给予适当的关注，这个时候，你很容易与倾诉者建立起一种比较信任的关系。如果你想成为被众多人喜欢的人，一定记住这样一条准则：要善于倾听别人讲话，并鼓励他继续讲下去。想要提高自己的倾听水平，需要掌握一些要领，下面的几点可以作为参考：

(1)抛弃先入为主的观念

只有心胸开阔、抛弃那些先入为主的观念，才能耐心地倾听对方的讲话，才能正确理解对方讲话所传递的信息，准确地把握讲话者的中心和重点，才能客观、公正地听取、接受对方反馈的意见。

(2)约束、控制自己的言行

倾听对方讲话，最难的一点就是约束、控制自己的言行。通常人们喜欢听赞扬的语言，不喜欢听批评，如果当你听到反对意见时，总会忍不住要立刻批驳，似乎只有这样，才说明自己有理。过多地讲话，或者随意打断别人讲话，不仅会影响自己的倾听效果，同时也会影响对方讲话的情绪。

(3)倾听要有积极的回应

要使自己的倾听获得良好的效果，不仅要认真地听，还必须有反馈性的表示，比如点头、欠身、双眼注视对方，或者重复一些重要的句子，提出几个对方关注的问题。如果是这样，顾客会因为推销员如此专心地倾听，感到自己被重视，愿意进一步地沟通，或者直接表达自己愿意购买的愿望。

(4)与其他语言手段的协调配合

与其他语言手段一样，倾听也必须与陈述、提问相配合，只有这样，倾听才能发挥作用。这就要求推销员具有主动精神和熟练的语言技巧，不应被动地等待顾客表达思想，而是要给对方创造讲话的机会，并在顾客陈述的过程中，恰当地使用语言技巧，让对方知道你对他的要求，知道你很想了解他们的问题，也进一步拉近了双方之间的距离。

3. 听出对方的言外之意

在职场中，要做到“听话听音”，通过一个人讲话，判断出他的真正用意，对于这一点，很多职场新人会犯一些错误，但是，有经验的人，处理问题则是游刃有余，把很多矛盾消弭于无形，这才是“听”的最高境界。

听出言外之意可以让我们在工作中获得主动，取得对方的信任，获得别人的帮助，解决工作中的难题。

李鹏辉在一家百货公司买了一套西装，结果没穿几天，发现西装的面料掉色，于是，他拿着西装去百货公司要求退换。

可是，那位售货员是位新手，他担心会因为退货而扣他的奖金，于是，他根本不听顾客的陈诉，还理直气壮地说：“这种西装我们已卖了上千套，从来没听说会有这种现象。”

李鹏辉气愤到极点，说要去找消费者协会投诉，还说要去找记者来给这家商场曝光。

这时，商场的经理出现了，经理是个做生意的高手，他先是静静地听着顾客把满腹的牢骚都发泄出来。这个时候，那个售货员又插话了，他说，是因为顾客没有按照正常的洗涤方法，所以才会造成服装掉色，跟产品质量没有关系。这个时候，经理开口了，他说不管顾客怎样，只要我们公司销售了一件不能让顾客百分之百满意的产品，就是我们的失误。然后又对李鹏辉说：“现在我想听您的意见，您说怎么处理，我们就怎么做！”

本来，李鹏辉是带着满肚子气来的，他想把这套西装退给商场，可是，他见经理这么一说，自己也很不好意思，只得承认了，是自己因为工作太忙，把西服放在洗衣机里洗涤，所以造成了掉色。经理见他这么坦诚，马上说："这很容易解决，我现在就让洗涤部门的人过来，将您这一套西装干洗一下，然后熨烫平整，再通知您，你看这样可以吗？"

李鹏辉也认为这是一个很不错的建议，于是，他不仅接受了经理的建议，而且，还在同一品牌的专柜选购了裤子和皮带。

故事中的经理，可谓商场中的老手，他听出了李鹏辉的弦外之音，就是想要退货，但是，他不急于防守，而是先让顾客把愤怒发泄出来，然后见招拆招，不但平息了李鹏辉的怒火，还没有给他退货，并且还成功地建议顾客二次消费。

在现代职场中，发现别人说话背后的潜台词，是一门很深的学问，要想发现他们语言背后隐含的真实意图。可以从以下几个方面入手：

(1)先了解对方的想法

假如一位年轻人在非正式的场合经常说自己的工作量大、任务重，如果这话被上司听到了，不要以为这是部下在叫苦，其实，是一种小小的撒娇，是在期待上司的关注。如果作为上司，能够体察其意，说些得体的安慰话，下属就会更加卖力地工作，而且还会有一种"士为知己者死，女为悦己者容"的幸福感。

(2)揣摩对方的语言

在这个瞬息多变的世界里，同样的话，出于不同人之口，表现的含义也自然不同，所以，要尽力揣摩这些话的隐含意义。

有一次，一个年轻人在一个书报摊上浏览杂志，这个时候，一个小偷在他的背后，已经把手伸进了他的口袋里。这个时候，书报摊的老板发现了，但是，书摊老板怕遭到小偷的报复，所以，他大声说："我不想卖你！"

年轻人很奇怪，原来满面春风的老板怎么会突然翻脸，这时候，老板用眼神示意他向后看，他一转身，正好抓住了小偷的手，然后将小偷扭送派出所。

如果仅仅是从语言表面的意思去理解，很容易对这个信息产生误解，我们就无法解读别人话里的意思，甚至造成更大的损失。

(3)倾听非语言暗示

手势、腿部动作、声调、眼神、面部表情都是一些非语言信息，它们构筑成信息传递的一个重要组成部分。仔细观察、倾听和谨慎评价你面前的这种信息，用眼睛去“听”，有时跟用耳朵听同样重要，它们将有助于你对别人语言中所包含的意思的有效理解。

(4)有耐心地听

为了正确地倾听说话者表达的内容，你必须认识到你对所要讨论的主题有几分把握，你并不需要改变你自己的观点，但是，你要能衡量并了解别人的观点。在做出判断之前，要综合考虑，别人的观点是否符合事实，不要急于得出结论，更不要轻易地放弃自己的想法。

4. 说话时要注意节奏

如果语速太快，就会让人感觉紧张和焦虑；如果说话太慢，就会让人感觉压抑。因此，说话时要保持好自己的节奏和速度，并在说话的过程中，根据实际情况变化自己的节奏，这样别人听起来才会觉得更舒服。

优秀的员工大多是能听、会说的人，他们在与人交谈的时候，懂得注意掌握自己说话的节奏。那么说话的节奏应该是怎样的？以什么节奏来表达自己的意思比较适当？

如果语速太快，就会让人感觉紧张和焦虑；如果说话太慢，就会让人感觉着急和压抑。因此，说话时要保持好自己的节奏和速度，并在说话的过程中，根据实际情况变化自己的节奏，这样别人听起来才会觉得更舒服。当然，除了语速和语调外，更重要的是注意引导，让对方在不知不觉中接受你的观点，如果能达到这一点，就非常难得了。

那么，如何才能把握好说话的节奏呢？下面的几种方法或许能对你有所帮助：

(1)浅显快于艰深

内容浅显易懂，说话的节奏就可以适当放快，不需担心听者抓不住说者表达的意思；相反，内容艰深难懂的，就要放慢说话的节奏，否则，听者的反应速度很难跟上说话的速度，听不懂的人就会干脆放弃倾听。

(2)描述快于阐述

描述性的语言一般是讲述一个故事，内容浅显易懂，文字也不会很生硬。而阐述性的语言，一般是讲述一个原理或者介绍一种新事物，大多涉及到专业领域的专业词汇，听者往往不是很熟悉，这就需要慢慢地讲清楚，如果太快，听者是很难理解的。

(3)议论快于抒情

议论是讲道理，目的是把道理讲清楚，使听者明白就可以了。而抒情的语言有一个更艰巨的任务，就是要感染听者，要与听众的心灵发生碰撞，说话者就需要时间来表达自己的某种感情，故而不可太快。

(4)激烈快于轻松

要表达激烈的语气，用较慢的节奏显然是达不到效果的。相反，要表达轻松的语气，也不能用太快的语速。

(5)欢愉快于忧伤

欢愉时，语气比较轻快，语调也比较高昂，加快语速有助于传达一种轻快高兴的语意。而忧伤的语言一般都是低沉的，说话者的反应速度也是很慢的，这时如果语速过快，就很难说你是真的不高兴了。使用错误的节奏就会传达出错误的信息，即使别人听出来你的真实感受，也会觉得你是故意装出来的。

(6)活泼快于稳重

活泼的语言说得太慢，就显示不出调皮搞笑的语境了，而用很快的语速表达持重的话语，也显示不出稳重了。所以，活泼的语言语速应该快于稳重的语言。

以上这些都是由表达的内容、语境和言语交际的目的决定的，运用时要根据具体情况灵活运用。

5. 不要轻易向别人许诺

如果承诺只是搪塞性的应承，并不真的去努力，这样做不仅会影响工作的进程，同时也可能会对自己的人品造成不利的影响。因此，当同事委托你办事的时候，你首先得考虑一下，如果办不成，就不要随便夸下海口。一旦承诺了别人，就要全心全意地去做，即使为此付出巨大的代价，也在所不惜。

拿破仑曾经说过：“我从不轻易承诺，因为承诺会变成不可自拔的错误。”

在职场中，这句话非常有道理，人在一起共事，免不了相互帮忙，乐于助人，为同事帮忙办事是很好的作风，但需要注意的是，在接受同事委托之前，一定要问清楚，事情的难易程度以及客观条件，自忖自己的能力是否可以完成这个任务，将这些因素综合起来考虑，然后再做决定。不要不假思索地满口应承，如果这件事不是自己力所能及的，就不要大包大揽地应承下来。

如果只是搪塞性的应承，并不真的去努力，这样做不仅会影响工作的进程，同时也可能会让别人质疑你的人品，因此，当同事委托你办事的时候，你首先得考虑一下，如果办不成，干脆就直接拒绝。随便夸下海口是有害无益的做法。一旦承诺了别人，就要全心全意地去做，即使为此付出巨大的代价，也不要后悔。

当福克斯还是一个孩子的时候，他的父亲就教育他为人要诚信，懂得对自己对别人负责任。而福克斯也一直把父亲的话牢牢地记在了心里。

有一次，福克斯的父亲打算把花园里的小亭子拆掉，再另行建造一座更大、更漂亮的亭子。当父亲把想法告诉福克斯时，福克斯对拆亭子这件事情非常好奇，他对父亲说，拆亭子的时候一定要告诉他，父亲笑着答应了。正巧，拆亭子的那几天，福克斯随母亲去了外婆家，他临走前，再三央求父亲，一定要等他回来后再拆亭子，福克斯的父亲敷衍地说了一句："好的，儿子，那我就等你回来再拆亭子。"

过了几天，小福克斯从外婆家回来，发现旧亭子早已被拆掉了，他心里非常难过。吃早饭的时候，小声对父亲说："您说话真不算数，您对自己说过的话不负责任。"

原来，父亲早已把自己前几天对儿子承诺过的话忘得一干二净了，经过福克斯提醒，父亲忽然想了起来，自己曾答应过儿子，一定要等他回来拆亭子。

父亲思前想后，决定向儿子道歉。他认真地对福克斯说："对不起，儿子。我会对自己说过的话负责。"

于是，父亲再次找来工人，让工人们在旧亭子的位置上，重新盖起一座和以前的那个旧亭子一模一样的亭子，然后，又让工人们当着福克斯的面，把"旧亭子"重新拆掉。

福克斯亲眼看到工人是怎么拆亭子的，他很高兴。但让他更高兴的是，父亲履行了自己的承诺。这件事情深深地印在了他的脑海里，伴随着福克斯的成长。他常常说："言而有信，对自己的言语负责，这一点比万贯家财更为珍贵！"

"诺不轻许，故我不负人；诺不轻信，故人不负我"。一个拥有诚信的人，能够给人以无穷的感染，让别人从他们身上，看到承诺的无穷力量。因此，在职场中，不要轻易向人许诺，因为一旦你向人家承诺了，就意味着你有责任去帮人家完成某件事情。

所以说,承诺是一把双刃剑,当你言行一致的时候,不仅可以成功地帮助别人,也会使自己在完成承诺的同时,赢得别人的信任。

6.善于向别人推销自己

我们在生活中,每天都要与不同的人接触,在不同的场合,时时都有推销自己的机会,如果你努力去寻求更好的机会,就会让更多的人发现你的能力,使你获得更多的回报,使自己增加崭露头角的机会,就等于增加自己的机遇。

在现代职场中,经营人脉,并不是要你当一只在花丛中上下飞舞的花蝴蝶,而是要找机会,让大家都能认识到你的实力,建立起别人对你的信任。

奥黛丽是英国一家外贸公司的普通职员,虽然她只有小学文化,但她一直希望自己能进电台工作。可是,她想进的那家电台并不缺人。奥黛丽不死心,她几次三番地去电台推销自己,电台的经理终于被她给打动了,给她安排了一份推销员的工作,推销电台代理的广告商品。奥黛丽十分珍惜这来之不易的机会,她拼命地工作,很快就成为电台里业绩最好的推销员。

有一天,奥黛丽不小心摔断了腿,医生给她打上石膏,让她卧床休养。她在床上躺了12天,实在躺不住了,但是,拄着拐杖来回折腾很不方便,她就雇用一名司机,送她上下班。因为出门不方便,她干脆想了一个办法,利用电话从事推销工作,没有想到,她通过电话销售,居然做得比以前更出色。

奥黛丽的卓越成绩受到电台高层的赏识，电台聘请她担任销售部副总经理。广播协会也看好了奥黛丽，邀请她在全国发表演讲。后来，奥黛丽水到渠成地跨入演说家的行列，同时还创立了属于自己的推销与激励公司。

自我推销，大有文章可做，所以我们要积极地展示自己的才华，让更多的人发现你的潜能。但是，推销自己需要有一定的手段，我们不妨从以下几个方面，为自己量身订制一套“推销方案”。

(1)亮出你自己

职场里通常有这样三种人：第一种，只肯做不愿说；第二种，不肯做只会说；第三种，既肯做又能说。

有了数年的职场经验之后，哪一类人最得老板欢心？答案当然是第三种。那些既肯做又能说的人，最受老板的欢迎，所以该“秀”的时候，一定不要客气，而且要“秀”出自己的精彩，主动推销自己，达到自己的愿望。

(2)积极脱颖而出

在现代职场，哪个公司不是博士、硕士一大把？若想在职场中出类拔萃，只靠在办公室里苦熬、苦干，没有三年、五年的工夫，是很难得到老板青睐的。若想尽快脱颖而出，只能另辟蹊径，展示你的与众不同。

(3)外表职业化

俗话说：“人要衣装，佛要金装”，千万不要忽视“衣貌识人”的力量，一个职场新人，如果没有足够令人信服的外表，又如何吸引别人探究你的能力呢？如果你是老板，会放心把一个拥有8位数资产的大客户，交给一个衣着邋遢的下属去打理吗？所以，打理好自己的外表，不仅是对别人的一种尊重，同时，也是职场晋升的必然需要。

(4)善于展现自己

在人山人海的招聘会上，我们怎样才能让自己快速赢得面试的机会？重要的一点，就是要让自己有足够的自信，学会表现自己、推销自己，要敢于在拥挤如潮的人群中，大声介绍自己，让更多的人发现你的勇气，让别人知道你的价值。

只有这样,你才能够被更多的人认可,你才有可能得到你想要得到的东西,发挥自己的专长,继而实现自己的人生梦想。

7.与同事交谈要讲求艺术

我们要在职场中努力建立一种和谐的人际关系,在与同事相处时,不要用苛刻的标准去要求对方,要充分尊重别人的权利,要能够理解、容纳同事的优点和缺点,只有这样,你才会成为职场中最受欢迎的人。

在职场中,与同事交往应当在轻松、愉快的气氛中进行,如果两人之间出现了不愉快的误会,不要把这种误解藏在心里,以至于误会越来越深。与同事相处,要注意把握好以下几点:

(1)不宜过多袒露自己的烦恼

有许多人心直口快、心里藏不住事,一旦自己有了烦恼,喜欢在同事面前倾诉,这样的交谈虽然看起来好像与同事之间关系密切,但是,这种倾诉的负面效果也相当大。据调查,只有不到1%的职场同事能够严守别人的秘密,很多的隐私往往是在这种不自觉的倾诉中被传播出去的。因此,当你遭遇困境和危机之时,最好不要在办公室同事面前诉苦,以免成为办公室的焦点人物。

(2)不宜与同事抬杠

有些人喜欢与人争论,什么事都想弄出个是非曲直,并且,还一定要胜过别人,自己心里才舒服。假如你实在爱好辩论,那最好把这项技留在工作之余,千万不能在职场上与人争得面红耳赤。否则,即便你在口头上胜了对方,这样的举动也会伤害同事之间的感情,如果同事对你心存芥蒂，将来一定会在别的事上进行报复。

(3)在职场中莫论他人是非

很多人喜欢在同事面前说其他人的坏话，甚至说老板的坏话，这些闲言碎语可能会引发同事的兴趣，但是，如果有一天，你与同事之间产生了摩擦，这些陈年旧账很可能被翻出来，那些曾经被你诽谤过的人，有可能会因此怨恨你，甚至有可能对你群起而攻之。

因此，在职场上少说别人是非，不要在同事面前对别人评头论足，说长道短，因为你所说的话有可能成为埋在你职业生涯中的定时炸弹。

(4)不要在同事面前显示自己的优越感

如果你升职了，或者收入超过了你的同事，或者得到了老板的表扬，不要因此而沾沾自喜，更不要在别人面前表现出你的快乐。因为你的快乐很可能会刺痛别人，会让同事感觉到心里不平衡。一旦有了时机，他就会想尽办法夺走你的风头。这样做会给自己找麻烦，不如把快乐藏在心里，没事偷着乐。

(5)不要喋喋不休

许多人在和同事交谈时，总是喋喋不休地讲自己的见解，把同事丢在一旁当配角。这样做的结果，就是让同事对你产生反感。因为没有人会喜欢那些不顾及别人感受的人。因此，在与同事交谈时，要注意倾听对方的声音，彼此深入交流，能够明白双方的意思，做到良好的互动，而不是一个人唱独角戏。

(6)不要过于尖酸刻薄

与同事交谈，难免会有意见不合的时候，这时，你如果说话尖酸刻薄，指出对方的错误，不留一点情面，就会让同事从此以后一直躲着你，不想与你交往。如果你能够和颜悦色，用事实说话，就事论事地交换意见，那么，事情解决之后并不伤及同事的感情。这样一来，你们的感情反而会因此而更近一步，在工作中的配合也会更默契。

(7)不要在同事面前装博学

有些人在与同事交谈的时候，喜欢炫耀自己的博学，喜欢谈古论今，天文、地理、历史、哲学，好似无一不通，这样做的目的，主要是想让同事佩服自己，显示出自己的博学多才。可是，在现实生活中，这样做不仅不会得到同事的钦佩，反而会让同事反感你的卖弄、炫耀，并因此疏远你。

8. 必要的时候，要敢于说“不”

对于自己不熟悉或无法做到的事情，要敢于向别人说“不”。千万不要为了面子而羞于拒绝。不然，到了最后，受害的只能是你自己。

在职场中，有一些人，为了给别人留下一个好印象，或者是为了证明自己的能力，往往爱逞能，面对一些自己力所不及的任务，也经常硬着头皮接受，这样做的结果，就是对自己做的事没有把握，所以失败的概率也会大大地增加。

面对职场中这些“不能承受之重”，员工在通常情况下，会选择勉强接受，这样做的结果只能是两头受伤，自己很委屈，然而到头来，老板也不满意。

如果你在工作中，经常遇到这样的情况，请及时说“不”，这样做不仅可以维护自己的利益，同时也会避免陷入被动的局面。

在我们的周围，经常有这样的例子：有的员工对上司的安排来者不拒，认为这样能给上司留下“工作能力强”的印象，结果上司无论什么事都找他，他也因此忙得焦头烂额，工作陷入一种无序的状态，最后的业绩考核，会让他陷入更为尴尬的境地。职场中最忌讳的，就是明明做不到，还勉强答应，这样做不但会给公司造成损失，同时也会给自己的前途带来隐患。

某公司有一个业务员姓吴，大家都称她小吴，每每谈起小吴，老总都会这么说："小吴这人很能干，交办给她的事儿从来不拖延，不管什么事，只要交给她，我就放心了。"

殊不知，可怜的小吴也有她的难言之苦，因为她已经成了老板的御用"消防员"，哪里起"火"就出现在哪里。同事们经常能听见老板在走廊里大声地叫小吴："小吴，这个方案你盯一下。"

"小吴，这个新项目人手不够，你顶一下。"

"小吴，快来帮个忙，把我这个讲话稿起草一下……"

就这样，小吴进公司三年，天天忙得脚打后脑勺，可是，每当有加薪提职的机会，总是与她无缘。因为她虽然忙得团团转，可是，每当年底的业绩考评小吴并不出色。辛苦的小吴就像一只疯狂的老鼠，随着老板的指挥棒蹿来蹿去，自己的主要工作却常常没有时间去打理。

有一次，有一个朋友提醒她："如果我是老板，我也不会给你加薪升职的，因为一个不会争取自身利益、没有在自己的本职工作中取得突出业绩的人，怎么会成为职场中的强者！"闻听此言，小吴冒出了一身冷汗。

第二天，当老总再次叫她去完成一项跟她本职工作没有任何关系的任务时，小吴终于鼓足勇气对老总说："您现在交办的这件事，我不能马上去办，因为我必须完成我的分内工作，我的工作日程是：周一做客户走访，周二写一篇调研报告，您交给我的事至少要周三下午才可以去做，但是，可能会耽误您的事，您看，要不……"

老总先是惊讶地看着小吴，然后他很快就反应过来了，他说："你先去做你应该做的工作，这个临时任务我交给小李去办吧！"

几个回合之后，老总再也没有把临时性的任务交给小吴，小吴的工作渐渐进入正轨，业绩也有了明显的提升。

所以，不要在职场中随便应承那些难以完成的工作，因为这会使你陷入被动的局面。有的员工虽然手头很忙，但是迫于面子，或者畏惧上司的权威，勉强接受了难以承受的工作，可是，谁都不是超人，当你在完成这些力所不及的工作，一旦出现纰漏时，最后会导致全盘皆输，非但没有给老板留下一个好印象，反而会造成对自己十分不利的负面影响。可见，不能因为怕得罪上司，就勉强接受难以完成的任务，要学会在适当的时候说“不”，否则，最后吃亏的一定是你自己。

但是，上司毕竟是掌握着生杀大权的人，当你说“不”的时候，一定要顾及他们的面子，千万不要把关系弄僵。

下面介绍几个“说不”的技巧，或许对你纵横职场有所帮助：

(1)语气要委婉

说话的口气要温和而诚恳，不能太直白，不能让上司接受不了，我们可以用欲抑先扬的语言来表达自己的态度。比如说：“您看我手头上的工作，还有能力再接别的任务吗？”

“非常感谢您对我的重用，可是我现在实在忙得腾不出工夫，所以，我怕耽误工作。”

(2)态度要果断

因为无论多么委婉的表达，如果态度不坚决，会让上司觉得还有余地，而你也有推脱工作的嫌疑。所以拒绝时的态度一定要果断，如果犹豫不决，上司可能会以为你已经接受了。

如果在一开始的时候，我们就明确地向上司表示拒绝，就会彻底打消上司的幻想，千万不要欲言又止，更不能吞吞吐吐，让领导直接拍板，把难以承担的担子落在你的肩上。

9. 不要将“不该说的秘密”告诉别人

每个人心中都有自己的秘密，如果你将它告诉身边的同事，那就等于你已经把自己的秘密公布给大家了。因为你不可指望任何人能为你守口如瓶。在西方有这样一句谚语:"如果你把秘密告诉风,风就会把秘密散布给整个森林。"

在职场上,如果你将秘密告诉了别人,就等于将自己的把柄交到了别人的手里。这样一来,你的职场竞争力就会被大大削弱。稍有不慎,你的前途都有可能被毁掉。

李红是一家外贸公司的业务员,她非常勤奋,业绩一直是公司里最好的。后来,老板决定在公司里提拔一位中层后备干部。结果李红毫无悬念地击败所有竞争对手,成了后备干部。然而,她最后却没有被提拔。究其原因,还要从李红向同事张琳透露的那个秘密说起。

张琳是李红最好的同事,两个人的关系就像亲姐妹一样。有一个周末,两个人去酒吧喝酒,李红在酒后向张琳透露了一个隐藏在自己心中多年的秘密:"我高中毕业后,因为家里没钱供我读大学,我就找了一个男人,本来打算和他长相厮守,没想到他是一个骗子,他不仅逼我去歌厅坐台,赚钱供他赌博,还天天打我。最后,我一气之下,捅了他一刀。结果他没死,我被判刑坐了几年牢。刑满后,我四处打工作。终于找到咱们这家公司。所以,我特别珍惜这个机会,我一定要好好在公司表现。"

然而,李红忘了,张琳正是她的竞争对手。由于自己平时的业绩比张琳稍好一点儿,才被老板确定为最终的后备干部人选。对此,张琳心中一直不服。

老板突然宣布,张琳为后备干部,李红被调到了其他部门工作。后来,李红从人事部员工口中得知,这一切都是张琳捣的鬼,她将自己坐过牢的事告诉了老板,致使老板改变了主意。

因此,我们在职场上行走,要学会保护自己,千万不要轻易将自己的秘密告诉他人。

我们可以观察那些成功的人,他们说话做事都能把握住一定的分寸:

不论在什么场合都是泰然自若，尤其在说话的时候，能说的一定说得十分充分，而不该说的话，则一句也不会多说。

有一些人自恃伶牙俐齿，遇人喜欢滔滔不绝，但是，往往就是在这种情况下，说得太多，给自己闯了祸。

在一次宴会上，史密斯向邻座的一位女士大献殷勤，为了显示自己交际甚广，他把每一位来宾的情况都向身边的女士作了详细的介绍，并对其中一位身材稍矮的男士进行了一番嘲讽，还说他的身材可以到南极与企鹅一争高下，当他说完这句话的时候，女士站起来说：“请让我来为你介绍，他是我的丈夫。”

史密斯立刻窘住了，场面非常尴尬。

那位女士很有修养地一直倾听，没有当面指责史密斯，但这位口无遮拦的史密斯先生却给别人留下了非常恶劣的印象。

所以，职场人士一定要注意，在陌生场合，一定不要给别人讲太多，更不要将自己的秘密告诉别人。因为有一些心术不正的人常常会利用你不经意说出的话而大做文章。

为自己保守秘密，是对自己负责的一种行为。比如恋人跟你分手、夫妻关系不睦、事业不太顺利、生活遇到的挫折等，这些都属于自己的隐私，一般情况下是没有必要跟别人说的。因为你把自己的秘密告诉了对方，充分显示了你的真诚，你相信对方也不会做出伤害你的事。如果有一天，对方因为某件事跟你发生了争执，你们自此以后形同陌路了，你是不是会后悔曾经跟对方说过的一切呢？所以，千万不要把自己的隐私廉价地奉送给别人。

第八章
好习惯创造奇迹，好方法改变命运

好的工作习惯是一笔无形的资产，如果能将一个好习惯一直保持下去，很可能改变你的未来。身在职场，养成好习惯就等于为自己积累了一大笔财富，是成功的开端。

1. 把每件平常的小事做好

那些卓有成就、声名显赫的成功者,大多是一些脚踏实地、能够把每一件小事做好的人。做好小事是做好大事的前提,如果每个人都能够将小事做好,那么再做大事就不成问题了。

古人云:“天下难事,必做于易;天下大事,必做于细。”可见,不管多大的事,都是由小事积累而成的,如果没有小事的积累,也就成就不了大事。将小事做好,大事自然也就做好了。不管是在工作中,还是在生活上,如果能够将每一件小事都做得几近完美,那么,在社会上,你一定是一个成功的人。

康成是一家保险公司的推销员,他一直有个愿望:那就是成为公司的销售状元,于是,他把目光集中在了那些有钱的大客户身上,想要一下子做出惊人的业绩。结果,苦苦推销了半年,仍然业绩平平,那些有钱人并不买他的账,这让他感到严重的挫折感。

于是,他去向连续三年都取得销售状元的徐威请教,徐威问他:“你对自己的职业有什么规划吗?”

康成理直气壮地回答说:“我想在公司做一番大事业,想要成为销售状元,开发出许多大客户来。”

徐威笑着说:“想在公司做成一番大事,确实志向不小。可是,任何一件大事都是由许多小事积累起来的,当你开发大客户遇到阻力的时候,为什么不从小客户入手呢?小客户虽然不能给你带来惊人的业绩,但是,人脉积累多了,自然会产生大客户。”

康成撇着嘴说："开发小客户？这样琐碎的事我可不想做，我感觉，做一件大事胜过一百件小事。"

徐威叹了口气说："兄弟，做人踏实些，你知道吗？在我的业绩中，有80％以上的业绩都来自小客户，千万不要忽略'小'的力量，做好每一件小事，大事自然容易成就了。"

欧洲有一句著名的谚语流传至今："最大的东西，最初往往是最小的。"那些能够透过小事看到未来的人，是真正有智慧的人；那些能将小事做到极致的人，是真正的成功者。

不管任何时候，都不要轻视任何一件小事。许多伟大的人都非常重视小事，著名的儒家代表人物荀子曾说："不积跬步，无以至千里；不积小流，无以成江海。"不管多么伟大的理想、多么辉煌的事业，都是从不起眼的小事开始做起的。

成功人士的高明之处，在于他们不会一开始就从大事着手，而是去做好每一件与自己的目标相关的小事，进而促成大事，收获自己生命中的丰硕果实。

一个人是否能在社会上站得住、行得稳，关键看他能不能把平凡的小事处理好，小事做好了，大事自然也能做好。

因此，从某种意义上讲，善于从诸多的小事中抓住要点、从大事中发现趋势，是我们每个人的必修课。

2. 学会把简单的事情做到极致

在这个竞争越来越激烈的现代社会，职场上的竞争也愈加激烈，许多人都希望能够做出一番不平凡的业绩来，也时常会抱怨在公司没有给自己施展能力的舞台，其实，与其毫无意义地抱怨，不如踏踏实实做出几件漂亮的事来。

把简单的事情做到极致，这句话说起来容易，可真正做起来却并不容易，因为简单的事情，历来都是被大多数人不屑一顾的，很少有人能够沉下心来把小事做好。

古希腊著名的哲学家苏格拉底有一次对他的学生说："我今天给大家布置一个作业，每个人都把胳膊用力向前甩，然后再向后甩。这个简单的动作每天做300次，坚持一年，大家能做到吗？"

话一出口，许多人都笑了，他们认为这么简单的事，怎么可能做不到呢？于是，大家异口同声地回答："能！"

一个月后，苏格拉底问学生们："现在已经一个月了，谁还在每天坚持甩手臂300下？"这时，台下有90%的同学都举起了手。

又过了一个月，苏格拉底再提起这件事时，坚持下来的不到一半人。

一年后，苏格拉底再次问起这件事时，所有的学生里只有一个人坚持了下来，这名能坚持下来的学生就是古希腊另一位伟大的哲学家柏拉图。

"这么简单的事，谁做不到？"这正是许多人的错误心态。其实做好简单的事并不容易。所有在职场上获得成功的人，都与大多数人一样，都做着同样简单的小事，但他们与大多数人不同的是，他们从不认为自己做的事是简单的小事，而是认真地把它做到极致，这就是他们成功的秘密。

有一位建筑专业毕业的大学生，他的理想是成为世界上最著名的建筑师。在他刚刚毕业的那个暑假，回到农村老家。

刚到家中，父亲对他说："这几天我要忙着收割稻子，实在忙得不行，家中的母狗快生小狗了，你去给它搭个狗窝吧！"

这位大学生听了，不屑一顾地说："居然让一个建筑系的高才生，去干搭狗窝的事，真是大材小用！”父亲没有说话，只是饱含深意地笑笑。

这个大学生不敢拒绝父亲的要求，只好找来砖头，然后和泥，开始动手搭狗窝。可是，他根本就不知道狗窝应该如何搭，因为书本上从来都没有介绍过狗窝的建筑形式。

他根本不知道应该如何下手，可是，他怕人家笑话，于是按着自己的想象乱搭一通，两天后，他的工程终于完工了，家中的母狗便住进了“新家”。

第三天，上小学的侄子淘气，跑到狗窝上去玩耍，结果一脚就把狗窝的棚顶给踩塌了，原来，建筑系高才生的杰作却是一个豆腐渣工程，小侄子也因此摔坏了腿。

经过这件事以后，大学生重病一场。病好之后，他开始向村中的泥瓦匠请教，向他们学习最基本的建筑技术。然后，他又重新搭建了一个狗窝，这个狗窝非常结实耐用，不管多大的风雨都经受得住。

八年后，这位当年搭狗窝的大学生成为国内一家建筑集团的总工程师，指导着上万名建筑设计师，他做的工程项目遍布全国。

通过这个故事，我们可以看到一点，那就是不要轻视身边的小事，要将每一件小事做得精益求精，才有可能获得成功。

有很多自我感觉良好、自以为是的人，他们只不过是在某一方面的能力超过了周围的人，如果让他们去独立完成一项新的任务，他们却很难在众多的事务中理出头绪来。

因此，若想要获得成功，就不能将小事等闲视之，要全力以赴地将每件小事做好。人生的意义并不在于做多少大事，而是将每一件不起眼的小事落到实处。

3. 一上手就把事情做对

享受登上人生峰顶的快乐，并不一定非要冒险，很多时候，只要你选择的方向是正确的，事情就很容易成功。成功不在于你付出了多么大的代价，关键在于第一次就把事情做对。

很多人虽然颇有才学，但是缺乏挑战自己的勇气，不敢对那些看起来比较困难的工作发起“攻击”，只是希望自己一辈子安安稳稳，保住“铁饭碗”就行了，对于那些需要冒险的事情，总是避而远之，这样的人，只能在一些平庸的岗位上终其一生，无法欣赏到登上人生顶峰的快乐。

如果第一次没有把事情做对，第二次、接着第三次、第四次……终于做对了。于是，我们却把大量的时间花费在浪费的过程中，工作的失误，要用很长时间来弥补，比如：产品质量出现问题，我们要花一定的时间来返工；技术不过关的员工，我们要重新培训，这一系列问题的出现，都起因于我们没有在第一次就把事情做对。

一个本来可以用一天时间完成的工作，很多人却要花费一周的时间来补漏洞，一个原本可以花一元成本生产出来的产品，却要在弥补产品质量方面，花费两元钱的售后服务！

如何才能杜绝这样的浪费，提高工作质量？我们就是要在刚刚上手的时候，就把事情做对。

郭飞是一家公司的负责人，常有公文要送到上级机关去审批，人家常说，机关办事效率低，一份公文可以周转几个月。但是，郭飞的办事效率却特别高，常常是别人的东西还压在承办人手里的时候，他经手办的手续

已经开始层层落实，并且很快得到批复。

旁人实在不解，都以为郭飞走的是熟人路线，选择了办事方便的捷径。其实，原因并非如此，郭飞之所以取得这样的结果，是因为他在办事的过程中善于动脑，他在经常与机关打交道的时候发现，机关办事人员平常的工作非常繁忙，基本不可能有整块的时间去了解整个案子，为了要把事情办好，还必须抽时间下去调研。因此，送去的文件常常是被搁置起来。于是，郭飞在每次递送公文的时候，都言简意赅地把整个案子的要点、得失，甚至利弊都分析清楚，并代拟好一份批复附上，请办事人员参考。

办事人员感觉郭飞处处为他们着想，提供的材料客观真实，因此，郭飞办的事情自然顺利。

由此看来，第一次就把事情做对并不是神话，只要努力是可以做到的。许多事情，本来就应该第一次做对。第一次就把事情做对，是企业节约成本、提高利润的经营法宝，对于员工个人来说，一上手就把事情做对，也是提高自身核心竞争力的有效手段，一开始就把事情做对，可以让你的职业生涯一路顺风。

4.忙要忙在“点子”上

由于事情的性质不同，所以对待不同的事情，绝不能一视同仁。不同的事物，既有不同的重要性，也有不同的时效性。不同的事情是不同的重要性和时效性的组合。对待事情要按照它的重要性和时效性区别对待，所以，忙要忙在点子上，忙要忙得有效率。

在工作当中,“忙”是很多人的口头禅,忙碌的身影、匆匆的步伐,甚至连话语都是简短的。对于企业老板来说,很多人都喜欢公司的员工都这样忙碌,因为这样的忙碌象征着公司上下士气高涨、干劲十足。但是,在忙碌的同时也要注意一点,如果光是忙碌,却不见时效,就是空耗公司的资源。

在讲究效率的今天,“忙”字成了很多人口中的关键词,但是,忙代表不了人们的工作质量,如果只是没有业绩的瞎忙,只能算是一种消耗体力的“穷折腾”。

因此,忙要忙在点子上,忙要忙得有效率,由于事情的性质不同,所以对待不同的事情,绝不能一视同仁,如果不同,它们既有不同的重要性,也有不同的时效性。不同的事情是不同的重要性和时效性的组合。对待事情要按照它的重要性和时效性区别对待,而不能一视同仁地对待所有的事情,如果对各种不同的事件不加区分,随机地完成,或者不分轻重缓急,按照时间顺序随意处理,这样做,很可能是“丢了西瓜,抓了芝麻”,为了一些琐碎的事情,错过了解决紧急问题的机会。

斯宾塞曾经告诫我们:“必须记住我们的工作时间是有限的。时间有限,不只是由于人生短促,更由于人事纷繁。我们应该尽量争取把我们所有的时间用来做最有益的事情。”

所以,制订工作计划,要遵循“先重后轻、先急后缓”和“统筹兼顾”的原则,并且应该按时检查自己计划的执行情况,通过检查,找出其中的问题、错误的假设以及遇到的困难等,并随时在必要的地方进行修整,从而使自己的计划越来越科学。

善于抓住关键,办事才会有效率,那些没有重点、眉毛胡子一把抓的人,忙忙碌碌到最后,满头大汗,疲惫不堪,实际上却没有完成什么实际的工作。

许多时候,我们很烦躁:“紧急”的事情铺天盖地,面临一大堆事情,我们无从下手;整天忙忙碌碌,却被上级指责没有完成任务……

问题的症结在哪里?其实这个道理很简单,俗话说:“牵牛要牵牛鼻子”，凡事抓住重点，不仅可以实现目标，而且还会带动整体事件的推进。

我们要学会如何在紧张的工作中，找到好的解决问题的方法，从千丝万缕的工作中抓住重点。

如果能够抓住重心，工作效率就会提高，时间也会大大节省。在这个充满竞争的社会中，一个懂得合理利用时间的人，他胜出的机会，远远超过那些不懂得如何利用时间的人。

5. 善用“刺猬法则”，让距离产生美

寒冷的冬天，刺猬喜欢依偎在一起取暖。可是，靠在一起时，彼此身上的刺又会刺痛对方。在反反复复的尝试之后，刺猬们总能够找到一个最合适的距离：既能互相取暖，又不至于刺伤对方。这就是有名的“刺猬法则”。

后来，人们常用“刺猬法则”来比喻交往和处事中，人与人之间的最佳距离。

在现实生活中，人际关系是一种非常复杂而微妙的关系，人际关系处理的好坏，决定了你是否能够取得成功。其实，要跟身边的人搞好关系，首先要与他建立一种亲密的关系，这样做既可以获得别人的尊重，同时也能与其保持心理距离，可以避免自身和他人之间的相互嫉妒和紧张。事实上，人与人之间的美感，往往来自“雾里看花，水中望月”，距离是产生美的根源。

陈霞刚刚进入一家合资企业做出纳，她刚来的时候，公司里的人都为这个小姑娘感到担心，因为会计部的主管林会计，是一个人见人烦的讨厌

鬼，在林会计的手下，没有谁能干过半年。

可是，所有人都没有想到，林会计对小陈却特别好，而且还经常在老板面前表扬她。

大家非常纳闷，不知道小陈这个小姑娘有什么特殊的法术，能让林会计这样的“职场魔头”露出笑脸。

王力平时跟小陈的关系很好，她对小陈跟林会计的关系非常好奇，于是，她问小陈：到底有什么妙计，可以制服林会计这个“职场魔头”？因为小陈跟王力平时无话不谈，所以把王力当成了知心好友，认为没有必要在好朋友面前隐瞒真相。她告诉王力，原来林会计是她的姨妈，陈霞把这件事情告诉王力之后，还再三嘱咐王力不能说出去，小王发誓说她一定为陈霞保守秘密。

可是，这么大的秘密藏在心里，让小王感觉很难受，于是她把这件事情告诉给其他同事。然后就一传十、十传百，没过多久，全公司的人都知道了这个秘密。

这个消息也传到了外方老板的耳朵里，外方老板最忌讳职工在公司内结党营私，制造小团体，于是，老板毫不犹豫地将林会计和小陈两个人双双解雇了。

由此可见，在职场上，有时候与同事交往过密，无意中与同事分享秘密，是一件非常危险的事。就像那两只互相取暖的刺猬，谁都是为了更暖和，但距离太近，反而会弄伤对方。

另外，在职场上不但要和同事保持距离，还要与领导保持一定的距离。不然，你会惹来意想不到的麻烦。

黄晓静在大学期间，学的是广告专业，她是个很有想法和创意的人，作品经常会受到老师和同学们的称赞。临近毕业的时候，她通过朋友的帮助，来到一家颇有名气的广告公司实习。刚刚走出大学校门的黄晓静工作努力，来了不到一个月，就赢得了公司上下的一致好评。

实习的试用期是三个月，如果在这三个月内表现良好，她就可以转正，成为正式的员工。一个刚刚毕业的大学生，能在这样一个大公司里谋一份职业，是很不容易的，因此，黄晓静更加努力，小心翼翼地跟同事们相处，她的几个策划方案都得到了老板的好评，这着实让她非常兴奋。

在工作中，她还与一位广告部主管成了好朋友。当黄晓静在工作中遇到某些困难的时候，这位主管总是帮助她、关心她，于是黄晓静就把主管当成了自己的姐姐。

三个月的时间很快就过去了，如果她被聘用为正式员工的话，那么第一点就是要解决薪酬问题了，这需要和公司具体商量。对于黄晓静来说，她没有过这样的谈判经验，于是她找到了广告部主管，想让对方给自己出主意。

主管说："若是老板想留下你，你一定要先弄清楚自己的价值，他一定会问你要求年薪多少，到时候你尽管说出你的想法，不要害怕。"

"那么，您说我要求多少合适呢?"

"在我看来，你的价值不应该低于年薪 10 万元。你值这个价码。"

"好的，我知道了，谢谢您，姐姐。"

由于黄晓静在试用期的良好表现，她被正式录用了。当她走出老板办公室的时候，非常兴奋，她迫不及待地跑到主管身旁对她说："我真的很高兴，老板决定正式录用我了!"

"太好了！真为你高兴，你们谈的薪水是多少?"

"你绝对不敢相信，老板承诺给我 15 万元的年薪，比我的预期还要多啊！这真是令人兴奋的事情!"

黄晓静只顾着沉浸在喜悦当中，并没有注意到主管的脸上已经没有了笑容。主管自己心中念叨："哼！给她一个黄毛丫头 15 万元，都跟我的薪水拉齐了，我已经来了两年才有这样的待遇!"

第二天老板找到黄晓静，对她说："抱歉，你不能来公司上班了，我们只是个小公司，一开始就是大家合资办的。虽然你跟大家相处得很和睦，但是你却将我们私下谈好的薪水告诉了别人。现在他们都要造反了，没有人愿意再与你共事，实在很遗憾。”

黄晓静没有想到会是这样的结果，但她必须接受这个现实，只好黯然离开了这家公司。

故事中的黄晓静所遇到的事情，很多人都曾经碰到过：对身边的人过于信任，把心里话说得太多，不仅不能拉近彼此之间的关系，反而会伤害自己。这种情况，特别是在触及到双方利益的时候，表现得尤为明显。因此，要在职场中善用“刺猬法则”，保持好与同事和领导之间的距离。

6. 冒险可以，但要有底气

有的人认为，只要做事有勇气，就可以算得上有冒险精神，而事实上并非如此，没有理智的勇气，只能算是莽撞，结果就是做无谓的牺牲。因此，在职场上，仅有胆量是不够的，更要有智慧、不鲁莽、不蛮干，这样的人才能在荆棘丛生的职场上闯出一条新路来。

那些“明知山有虎，偏向虎山行”的人，大多是有着过人的本领。如果你不具备这些本领，那你最好还是绕道而行。如果知道自己是在冒险，就要对可能遇到的风险，做好充分的准备。这样才有可能把风险转化为机会。

伊杰女士曾在美国电话电报公司工作，当时，这家公司的销售额倒数第二名，她接手这家公司的业务以来，两年后，这家公司的销售额就攀升到全系统正数第三位。伊杰女士担任当地服务和访问管理部门的总裁，她说：“我们已经把一个原本不起眼的公司改造成了我们理想中的公司。”

那么，她又是用什么样的办法达到这样的效果呢？原来，伊杰女士帮助这家公司重新设计网络运营机制，要求该公司裁减32%的员工，同时还要确保客户的满意度。一年半之后，公司与客户之间的关系更加融洽，员工们的士气高涨，这一切无不证明公司这项改革的成功。

但是，在改革之初，并没有多少人认同她的这项改革措施，大约在一年前，伊杰女士主动要求削减这家公司最大的一项开支——当地访问劳务成本。这样做要冒很大的风险，但是她却对自己的这项措施满怀信心，经过她的努力，终于将公司的成本控制在合理的水平，因此，大大地提升了财务的业绩。

这个故事告诉我们，在做冒险的事情之前，一定要有所准备，或具备相关能力。只有这样，才能做到“有惊无险”，否则就很可能会跌入失败的深渊。

当然，冒险并不等于蛮干，精明的人能谋算出冒险的系数有多大，只要做好应对风险的准备，则可以胜算。唯有带着沉重的风险意识，敢于怀疑和打破以往的规则，通过冒险而取得胜利后，才能享受到人生的最大喜悦。

福兰克是个非常喜欢冒险的中年人。可是，他有一个特点，那就是做任何一次看似冒险的事情时，都有足够的勇气。有一天，福兰克站在一家高档餐厅门前，两只手开始在口袋里摸索。他摸遍全身，一个子儿也没找到。

正在这时，旁边走来一名叫托马斯的年轻人，福兰克上前与他搭讪，问他能不能请自己吃顿饭。托马斯翻遍了全身口袋，只摸出两个便士。托马斯对福兰克说：“我有个主意，我们两个去对面的餐厅一起吃饭。吃完饭后，我们掷硬币决定谁付钱。如果是正面，我赢；反面，你赢。输的那个人去向餐厅的服务员解释。你看行吗？”

福兰克笑着说：“真是个好主意，我这个人生来喜欢冒险。好的，那我们就这么说定了。”

两个人坐在餐厅里，先掷硬币决定谁点菜。吃到一半时，两个人又各自加了饮料。

吃完饭后，两个人又开始掷硬币，结果托马斯输了。

福兰克得意地说：“太刺激了。我真的不敢想象，服务员过来结账时，你会怎么和他说。不过，我倒是有个好主意。一会儿服务员过来时，你就说出去给一个朋友打电话，然后趁机溜走。”

两个人正说着，服务员来到桌前，把账单放在桌子上。托马斯拿过账单，装作仔细看的样子。福兰克则靠在椅子上闭目养神。服务员站在那里，见两个人都没有付钱的意思。就在服务员疑惑之时，福兰克睁开了眼睛，对托马斯说：“朋友，我不得不提醒你一下，你该给朋友打电话了。”

然而，托马斯并没有要走的意思。他从口袋里拿出一支笔，把自己的名字写在账单上，服务员鞠了一个躬，然后转身离开了。

两个人走出餐厅大门时，托马斯有些不好意思地说：“我必须要承认一件事，我几乎每天都来这家餐厅吃饭，我总是在账单上签名，月底支付。不过，你这个人真好，明知我没钱，还敢和我一起在这儿吃饭，看来你真是个喜欢冒险的人。”

福兰克笑着说：“我也必须要承认一件事，我就是这家餐厅的老板。”

这个故事告诉我们，冒险要有底气。故事中的托马斯看似没钱，冒着吃“霸王餐”的风险，可他自己心里很清楚，只不过是再签一下账单而已。

福兰克更是胸有成竹，他最大的风险只不过是在自己开的餐厅请对方吃顿饭罢了。如果不知道他们的身份，你会觉得这两个人都是在冒险，实际上，两个人都是有底数的，所以说冒险是在拥有一定物质基础上的游戏，只有拥有这样的底气，你做起事情来，才可能游刃有余。

7. 每份工作都当成事业来做

将你的职业当成你的事业来做，它的荣誉感和使命感会帮助你克服工作中的一切阻碍，帮助你获得成功。只有把工作当成自己毕生事业来追求的员工，才可能给公司创造巨大的经济效益。

曾经有人问比尔·盖茨，他心目中的最佳员工是什么样的？

比尔·盖茨回答时强调了一点：一个优秀的员工，应该对自己的工作满怀热情，当他向客户介绍本公司的产品时，应该有一种传教士传道般的狂热！

我们总结一下比尔·盖茨这句话的意思，那就是要将你的职业当成你的事业来做，它的荣誉感和使命感会帮助你克服工作中的一切阻碍、帮助你获得成功。只有把工作当成自己毕生事业来追求的员工，才可能给公司创造巨大的经济效益。

美国一家百货公司在韩国订购了一批价格昂贵的玻璃杯，为此，美国百货公司专门派人来监督生产。来到韩国以后，他发现这家玻璃厂的技术水平和生产质量都很完美，几乎达到了无可挑剔的程度。

一天，他来到生产车间，发现工人正从生产线上挑出一些杯子放在旁边。他走过去仔细看了一下，没有发现放在一旁的杯子和其他杯子有什么差别，他奇怪地问："挑出来的杯子是做什么用的？"

"这是不合格的次品。"工人一边工作一边回答。

"可是，我并没有发现它们和其他杯子有什么不同啊！"美国人不解地问。

“你自己看，这里多了一个小气泡，这说明杯子在制造的过程中漏进了空气。”

“可是，这并不影响使用呀！”

工人很坦然地回答说：“我们既然做这项事业，就一定要做到最好。任何缺点，哪怕是客户看不出来，对于我们来说，都是不允许的。”

“那么这些次品一般能卖多少钱？”

“10 美分左右。”

当天，美国人给总部汇报说：“一个完全合乎我们的检验和使用标准、价值 5 美元的杯子，在无人监督的情况下，工人用几乎苛刻的标准挑选出来，只卖 10 美分。这样认真负责的员工堪称典范，这样的企业又有什么不可以信任的？我建议公司马上与该企业签订长期的供销合同，我也没有必要继续留在这里了。”

在职场中，我们可能会注意到这样一种情况，同时到一家公司上班的人，同样的工作条件，同样的工作环境，同样的起点，几年后却出现了很大的差距。有的成为单位里的骨干甚至是中高层领导，发挥着举足轻重的作用；有的却一直碌碌无为，工作没有起色，不仅在职位上、收入上和其他人差了一大截，还随时面临“下岗”的危机。

为什么会出现这种情况呢？是个人的天赋造成的吗？众所周知，除了极少数天才，大多数人的天赋相差无几，那么是什么造成这种差距的呢？那就是对待工作的态度。

比尔·盖茨曾经说过：“无论在什么地方工作，员工与员工之间在竞争智慧和能力的同时，也在竞争态度。”一个人的态度越认真，决心就越大，对工作投入的心血也越多，从工作中所获得的回报也就相应地增多。

查理·贝尔家境贫寒，年仅 15 岁就在澳大利亚的一家麦当劳餐厅打工。他的第一份工作是打扫厕所。虽说扫厕所的活儿又脏又累，但贝尔却干得非常认真。他常常是扫完厕所，接着就擦地板；地板干净了，又去帮着翻翻烘烤中的汉堡包。而这一切被这家麦当劳的老板——麦当劳在澳大利亚的奠基人彼得·里奇看在眼里。

没多久，里奇就让贝尔签署了员工培训协议，把贝尔引向正规职业培训。培训结束后，里奇又把贝尔放在店内各个岗位进行锻炼。虽然只是钟点工，但勤恳踏实的贝尔不负里奇的一片苦心。经过几年锻炼，他全面掌握了麦当劳的生产、服务、管理等一系列工作，19 岁那年，贝尔被提升为澳大利亚最年轻的麦当劳店面经理。

当然，查理·贝尔的前途不只局限于这种成绩。27 岁时他成为麦当劳澳大利亚公司副总裁，29 岁时成为麦当劳澳大利亚公司董事会成员。他在任期间，麦当劳在澳大利亚的连锁店从 388 家增加到 683 家。后来贝尔被调到麦当劳美国总部，并先后担任亚太、中东和非洲地区总裁，欧洲地区总裁及麦当劳芝加哥总部负责人。

2002 年底，他被提升为首席运营官。在担任总裁兼首席运营官期间，贝尔负责麦当劳公司在 118 个国家的超过 3 万家麦当劳餐厅的经营和管理，并从 2003 年 1 月 1 日起开始进入董事会。这番经历使贝尔成为麦当劳公司所崇尚的从最底层一步步晋升至公司高层的典范。

查理·贝尔在北京参加麦当劳续约奥运会全球合作伙伴的新闻发布会时说："我从 15 岁起，就在澳大利亚的餐厅兼职打工，19 岁就成为澳大利亚最年轻的餐厅经理。我能做到你们也能做到，明天的总裁就在今天的这些做事认真踏实的员工中间。"

美国伟大的人权领袖马丁·路德·金曾经说过："哪怕你是一个注定要扫大街的清洁工，你也要对自己的职责全力以赴，就如同米开朗琪罗作画、贝多芬作曲、莎士比亚创作戏剧那样认真地工作。倾注全力所取得的工作成就，会让每个人都为你驻足赞美，称你是一个杰出的清洁工。"

以事业的态度来对待你工作中的每一件事，并把它当成自己的使命，你就能发掘出自己特有的能力，即使是烦闷、枯燥的工作，你也能从中感受到价值，在完成使命的同时，你的工作也会真正地变成你的事业。

8. 与其改变别人,不如先改变自己

托尔斯泰说过:“人人都想改变世界,有谁愿意改变自己呢?”人人都不愿意改变自己,每个人都想这个世界适应自己,而不愿意去适应这个世界。聪明的人都知道必须先适应别人,然后才能让别人适应你。我们不能支配别人,但可以支配自己。因此,要想改变别人,必须先改变自己。

在生活中,每个人都觉得自己的观点是正确的,而别人的是错误的,总想去改变别人,却从没有想过自己是否也需要改变。

现实世界中,有太多的事情是我们无法改变的,至少是暂时无法改变。如果事情无法改变,我们就改变自己;如果别人不喜欢自己,我们就先试着去喜欢别人。要想事情改变,首先得改变自己;只有借由改变自己,才会最终达成改变别人的目标;只有借由改变自己,才可以最终改变属于自己的世界。

也许你有许多事情想做,却一味依赖别人,看到别人做得不好,就会指出缺点和错误,却不知最大的问题就出在自己的身上。

不要试图改变别人,努力将自己做好!适者生存,不适者则被淘汰,这是社会规律,世上的事物时时刻刻都在发生着改变。如果你跟不上社会的步伐,你会被社会抛得越来越远。面对这样的状况,只有改变才是出路。

许多时候,担心是多余的,欣然地面对现实,勇敢地接受挑战,就会塑造一个“全新的自己”。人生是由一连串的改变所形成的,当你的环境、教育、经验、吸收的资讯、想象产生变化、你的由内而外的各个生理与心理的关卡多多少少都会产生不同程度的变化。

改变就是机会，只要你及时处理，就会有好的机会与你相遇。而且，唯有良好的自我改变，才是改变事情、改造状况，甚至改变环境的开端。

改变自己要学会接受新事物，因为每个人都有着无限的潜能等待开发，只可惜，我们往往限制住自己的无限潜能。

科技进步的速度快得惊人，如果你只是一味地沿用旧的思想、旧的做法去行动，可能会被社会淘汰。所以头脑要灵活一些，很多不该再坚持的观念该放就放。

无论你的志向是什么，通向成功的道路只能靠你自己一步步地向前走。事实上，这是一趟孤独的旅行，纵使前进的道路上有很多朋友、亲人或同事，但是绝对没有人能替你去实现你自己的理想。若想成为一个胜利者，必须靠自己努力来实现。

任何成功都源于改变自己，只有不断地发现自己身上的缺点，然后自己不断地完善自己，才能实现自己的不断进步、不断完善、不断成长的规划，只有随时自省、勉励自己、努力扬长避短、发挥自己的潜能，才能具备成功的资本。

20世纪30年代，日本有个矮小的年轻保险推销员，业绩很差，收入也少得可怜。曾一度陷于困境的他，有一天随意来到了一所寺庙，向一位老僧人推销保险。

没想到，当他滔滔不绝地说了很多保险的好处之后，老僧人摇摇头说："小伙子，你说了这么多，我丝毫没有兴趣啊！"

这句话如同一瓢冷水，使年轻人灰心极了。老僧人注视着他说："你要向人推销，就一定要有一种强烈的吸引力才行，否则，你做推销就没有什么前途了。"看着满脸通红的年轻人，老僧人说："小伙子，还是先改造自己吧！"

走出寺庙后，年轻人一直思索着老和尚的话，他觉得话虽不中听，但说得还是很有道理。为了改造自己，他组织了专门针对自己的"批评会"，每月一次，每次请来5个同事或者投了保的客户一起吃饭，请他们指出自己的毛病。虽然他很拮据,即使典当衣物,他也坚持这样做。

每一次的"批评会"都使他产生一种剥掉一层皮的感觉,但他默默地忍受着,把那些逆耳忠言记录下来,进行反省,随着毛病的减少,他觉得自己也开始成熟起来。

他的努力终于得到了回报。到了1939年,他的销售业绩获得了全日本第一。从1948年起,他竟连续15年保持全日本销量第一的好成绩。这个矮个子不是别人,就是后来著名的推销大师原一平。

后来,原一平这样说:"赤裸裸地注视自己,毫无保留地彻底反省,然后才能认识自己。"

在我们的生命中,有时候必须做出困难的决定,开始一个更新的过程。只要我们愿意放下旧的包袱,希望学习新的技能,我们就能发挥自己的潜能,创造出新的未来。

不管是在生活中还是工作中,如果你控制不了环境,那就试着调整自己的心态;如果你左右不了别人,那就试着改变自己。怨天尤人只会浪费自己和别人的生命,只有改变自己的态度,才能改变自己的人生。

美国成功哲学演说家金·洛恩说过这样一句话:"成功不是追求得来的,而是被改变后的自己主动吸引而来的。"

我们之所以没有成功,是因为在我们身上存在着许多致命的缺点,如自私、傲慢、急躁、没有明确的人生目标、缺少自信、做事情不脚踏实地等等,这些缺点严重制约了我们的发展。

一个人如果不先改正自己的缺点,很难获得成功,更谈不上去影响别人。只有对自己进行深刻的检讨,采取改进措施,你才能具备成功的入门资格证。因此,在我们面临无法改变的环境时,首先要学会改变自己,自己改变了,环境也会随之改变。

9. 找一棵可以依靠的“大树”

俗话说：“大树底下好乘凉。”在职场上，想要获得成功，最佳的捷径就是找到一棵可以依靠的“大树”，即借助名人之“光”实现自己的理想。

借助名人之“光”，就能够让自己做起事来事半功倍，许多精明的企业家都是借“光”高手，他们能够在谈笑间借助名人之“光”照亮自己的未来。原豪门集团总裁陈世增就是巧妙借助名人之“光”的典型。

1994年12月，美国洛杉矶举办了首届中国酒展示品尝洽谈会。在这次洽谈会上，陈世增凭借出众的口才成为美国媒体关注的焦点，再加上豪门啤酒是中国的知名品牌，陈世增和他的豪门集团引起了人们的高度关注，甚至连当时的美国总统克林顿都邀请陈世增参加20日举行的晚宴。要知道，从没有哪位中国企业家享受过美国总统接见的殊荣，更不用说参加晚宴了。

12月20日晚上，克林顿总统和夫人希拉里在白宫门前的大厅口迎候来宾，见面之后，陈世增表达了对克林顿总统的谢意。

克林顿说：“欢迎陈先生光临，请代我向中国人民问好，向中国领导人问好……”

陈世增也赶忙笑着回答：“谢谢总统阁下，如果有时间，也希望总统先生到中国看一下。”

克林顿不失礼貌地回答：“将来有机会，我一定会去北京访问……”

陈世增又转向希拉里说：“当然，漂亮的总统夫人如果有时间，也希望您到中国访问。”

希拉里微笑着回答："那将会是一件十分令人愉快的事，我一定去，一定去。"

在大厅中，克林顿夫妇与陈世增合影留念。

宴会上，许多企业界的名流频频举杯，品尝着豪门集团的豪门啤酒。而陈世增也成了整个晚宴上最受人关注的中国企业家。

通过这次晚宴，陈世增及他的豪门啤酒在美国出尽了风头，这次"借光"带来的社会效应，远远大于花费巨资做的广告。

陈世增借助美国总统克林顿的"光"，大大提高了自己及自己企业的知名度，这对提升豪门集团的品牌效应和增加啤酒的销量产生了不可估量的作用。因此，借用名人之"光"，能够瞬间照亮自己的前程。

一个有声望的人即使给你一句平淡的称赞，也比一群普通人的赞美更有分量。但在这个过程中，更重要的是，能够抓住借助名人之"光"的机遇，因为，想要借助别人的声势，是需要相当的技巧和能力的。只要能够抓住这个机会，对自己的迅速成名就会是一个十分有效的捷径。

可见，利用名人的效应，能够让自己的身价倍增，这样在做起事来就容易得多了。

因此，想要成就一番事业，单靠自己的力量是远远不够的，当自己的力量还不足以完成一件事的时候，要懂得寻找一座实力强大的"靠山"，在他的帮助下，开创出一片属于自己的天地。

在攀向事业高峰的过程中，如果能得到贵人的扶持，不仅能缩短成功的时间，还能加大自己的筹码。

附 录

测试:职场性格是什么样的

1. 你何时感觉最好?(　　)

A. 早晨。

B. 下午及傍晚。

C. 夜里。

2. 你走路时是(　　)

A. 大步地快走。

B. 小步地快走。

C. 不快,仰着头面对着世界。

D. 不快,低着头。

E. 很慢。

3. 和人说话时,你(　　)

A. 手臂交叠地站着。

B. 双手紧握着。

C. 一只手或两手放在臀部。

D. 碰着或对着与你说话的人。

E. 玩着你的耳朵、摸着你的下巴或用手整理头发。

4. 坐着休息时,你的(　　)

A. 两膝盖并拢。

B. 两腿交叉。

C. 两腿伸直。

D. 一腿蜷在身下。

5. 碰到你感到发笑的事时，你的反应是(　　)

A. 欣赏地大笑。

B. 笑着，但不大声。

C. 轻声地咯咯地笑。

D. 羞怯地微笑。

6. 当你去一个派对或社交场合时，你(　　)

A. 很大声地入场以引起别人的注意。

B. 安静地入场，找你认识的人。

C. 非常安静地入场，尽量保持不被注意。

7. 当你非常专心工作时，有人打断你，你会(　　)

A. 欢迎他。

B. 感到非常恼怒。

C. 在以上两极端之间。

8. 下列颜色，你最喜欢哪种颜色？(　　)

A. 红或橘色。

B. 黑色。

C. 黄或浅蓝色。

D. 绿色。

E. 深蓝或紫色。

F. 白色。

G. 棕或灰色。

9. 临入睡的前几分钟，你在床上的姿势是(　　)

A. 仰躺，伸直。

B. 俯躺，伸直。

C. 侧躺，微蜷。

D. 头睡在一手臂上。

E. 被盖过头。

10. 你经常梦到你在(　　)

A. 落下。

B. 打架或挣扎。

C. 找东西或人。

D. 飞或漂浮。

E. 你平常不做梦。

F. 你的梦都是愉快的。

测试结果:现在将所有分数相加,再对照后面的分析分数:

1. A2　B4　C6
2. A6　B4　C7　D2　E1
3. A4　B2　C5　D7　E6
4. A4　B6　C2　D1
5. A6　B4　C3　D5
6. A6　B4　C2
7. A6　B2　C4
8. A6　B7　C5　D4　E3　F2　G1
9. A7　B6　C4　D2　E1
10. A4　B2　C3　D5　E6　F1

【评分标准】

低于21分:内向的悲观者。人们认为你是一个害羞的、神经质的、优柔寡断的,是需人照顾、永远要别人为你做决定、不想与任何事或任何人有关的人。他们认为你是一个杞人忧天者,一个永远看到不存在的问题的人。有些人认为你令人乏味,只有那些深知你的人知道你不是这样的人。

21分到30分:缺乏信心的挑剔者。你的朋友认为你勤勉刻苦、很挑剔。他们认为你是一个谨慎的、十分小心的人,一个缓慢而辛勤工作的人。如果你做任何冲动的事或无准备的事,你会令他们大吃一惊。他们认为你会从各个角度仔细地检查一切之后仍经常决定不做。他们认为对你的这种反应,是因为你小心的天性所引起的。

31分到40分:以牙还牙的自我保护者。别人认为你是一个明智、谨慎、注重实效的人。也认为你是一个伶俐、有天赋、有才干且谦虚的人。你不会很快、很容易和人成为朋友,但是是一个对朋友非常忠诚的人,同时要求朋友对你也有忠诚的回报。那些真正有机会了解你的人会知道,要动摇你对朋友的信任是很难的,但相等的,一旦这信任被破坏,会使你很难熬过。

41分到50分:平衡的中道。别人认为你是一个新鲜的、有活力的、有魅力的、好玩的、讲究实际的、而永远有趣的人,经常是大家注意力的焦点。但是你是一个足够平衡的人,不至于因此而昏了头。别人也认为你是一个亲切、和蔼、体贴、能谅解人的人,一个永远会使人高兴起来并会帮助别人的人。

51分到60分:吸引人的冒险家。别人认为你是一个令人兴奋的、高度活泼的、相当易冲动的个性;你是一个天生的领袖、一个做决定会很快的人,虽然你的决定不总是对的。他们认为你是大胆的和爱冒险的,会愿意试做任何事至少一次;是一个愿意尝试机会而欣赏冒险的人。因为你散发的刺激,他们喜欢跟你在一起。

60分以上:傲慢的孤独者。别人认为对你必须“小心处理”。在别人的眼中,你是自负的、自我中心的,是个极端有支配欲、统治欲的人。别人可能钦佩你,希望能多像你一点,但不会永远相信你,会对与你更深入的来往有所踌躇及犹豫。

开心驿站

脑筋急转弯

1. 小明今年12岁，为什么只过了三次生日？

2. 你打死了一个动物，为什么流的是自己的血？

3. 有一个东西，你能用左手拿，不能用右手拿，这东西是什么？

4. 螳螂请蜈蚣和壁虎到家中做客，烧菜的时候发现酱油没有了，蜈蚣自告奋勇出去买，却久久未回，究竟发生了什么事？

5. 什么人从来不洗头发？

6. 一只狗和一只青蛙比赛游泳，平常都是青蛙游得快，为什么在一次比赛中狗赢了？

7. 小伟的书包里藏着一个鸭蛋，他为什么不肯拿出来交给妈妈做菜？

8. 什么鱼的肚皮是浮上水面的？

9. 什么时候是摘苹果的最好时机？

10. 国歌一共有几个字？

11. 一块天然的黑色大理石，在一月一日扔入太平洋，会发生什么？

12. 小王漱了一早上的口，为什么别人还是说他口臭？

13. 什么牛不吃草？

14. 老师说："我们的身体里有106块骨头"，可是小明说他身体里有107块骨头，这是为什么？

15. 什么书既没有作者，也没人能读懂？

16. 一个人一年中哪一天睡觉时间最长？

17. 有一个人口袋里有五元钱，掉了五元钱口袋里还剩下什么东西？

18. 自找苦吃的地方是哪儿？

19. 一间牢房关了两个犯人，其中一个因偷窃要关一年，另一个是强盗杀人犯却只关两个星期，为什么？

20. 小明每天都吃一个师傅，他是怪兽吗？

答　案：

1. 生日是2月29日
2. 因为打死了一只正在吸自己血的蚊子
3. 自己的右手
4. 打开门后，发现蜈蚣还坐在门口穿鞋
5. 和尚
6. 因为当时的比赛规则是只许用狗刨，不许用蛙泳
7. 那是考卷上的“大鸭蛋”
8. 死鱼
9. 苹果熟了的时候
10. 两个
11. 大理石沉入太平洋
12. 因为小王爱骂人，所以别人说他口臭
13. 蜗牛
14. 因为小明不小心吃下一块鱼骨头
15. 当然是天书啦
16. 一年中的最后一天，因为他跨越到第二年
17. 一个洞
18. 药房
19. 强盗杀人犯被拉出去枪毙
20. 吃康师傅方便面